건강보험공단
N C S
직 업 기 초
능 력 평 가

제 1 회 최종 모의고사

1교시 의사소통능력

총 20문항 20분

01 '몰입'과 '중독'에 관한 설명으로 적절하지 않은 것은?

> 사이버 중독은 인터넷을 사용하는 것에 몰입한다는 측면에서 몰입과 유사한 상태이다. 그러나 일상생활에서 몰입을 경험하는 경우는 주로 일을 하거나 여가를 즐기는 경우이다. 이에 비해, 특별히 하는 일없이 시간만 주어졌을 때 우리는 몰입과는 정반대의 현상인 심리적 혼돈과 무기력 상태를 경험한다. 이것이 중독행동이 나타나기 위한 준비상태가 된다. 사이버 중독에는 심리적 혼돈과 무기력 상태가 포함되어 있다.
>
> 중독 상태는 특정 행위의 지나친 반복이나 외적 물질의 효과에 의존하여 스스로 행동 조절이 힘들어지는 상태이다. 현실공간에서 경험하는 알코올이나 약물중독은 이런 행동이나 심리상태의 대표적인 경우이다. 사이버 중독의 경우 중독 상태를 유발하는 외적 물질이 없기 때문에 행동 통제의 문제와 직접적으로 관련된 심리상태이다.
>
> 몰입과 중독은 이런 상태를 경험하는 사람이 어떤 역할을 하는가에 따라 다르다. 예를 들면, 아무런 목표 없이 무작정 클릭을 하는 행동이나 시간을 쓰겠다는 태도로 인터넷을 탐색하는 경험은 멍하니 쳐다보는 TV 시청과 별다른 차이가 없다. 이에 비해, 자기 통제감과 효율성이 높은 사람의 경우 인터넷을 이용하는 것은 자신의 통제감을 시험하는 것과 같다. 행동을 선택하는 자유를 가지는 것은 개인이 스스로의 통제감을 극대화시키면서 "자기조절(self regulation)"을 경험할 수 있게 한다. 몰입의 상태는 이런 경험에서 나온다. 이 경험은 의식의 고양과 함께 심리적인 성숙을 일으킨다. 이에 비해 자기 통제감이 없는 몰입 상태는 바로 심리적 혼란과 무기력을 야기하며, 현실과 유리되게 만든다. 이것이 바로 중독 상황이다.
>
> 인터넷 비즈니스와 사이버공간에서 특정 사이트를 운영하는 사람들은 많은 사용자들이 중독적인 행동을 보이기를 막연히 바랄지도 모른다. "재미있는 컨텐츠가 많으면", 아니 "자극적인 활동을 할 수 있게 하면", 또는 "사이트를 특징적으로 꾸미거나 커뮤니티가 활성화되면" 등등 사람들이 몰입할 수 있는 다양한 조건을 만들려고 한다. 그러나 중독이든 몰입이든 대부분의 인간이 보이는 사이버공간의 행동은 자기가 만들어내는 행동의 연쇄에 의한 단순행동의 학습이라는 사실을 인식한다면, 정말 필요한 것은 "인터넷을 하는 것"과 현실에서의 "무엇을 하는 것"과 연결이 어떻게 이루어지는가를 정확하게 파악하는 것이다. 이것이 사이버 중독을 인터넷 몰입으로 전환시키면서 인터넷 이용을 더욱 즐겁고 우리의 생활을 행복하게 전환시키는 방법이다.

① 일반적으로 일을 하거나 여가를 즐기는 경우 몰입을 하게 되는 반면 심리적 혼돈과 무기력 상태가 지속되면 중독으로 이어지기 쉽다.

② 통제감을 극대화시키면서 자기조절을 경험할 때 몰입의 상태가 되고 자기 통제감이 없는 몰입 상태가 중독이라 할 수 있다.

③ 사이버 중독은 회복하기 힘든 무기력 상태이기 때문에 한번 중독이 되면 몰입상태로 되돌아오는 것은 거의 불가능에 가깝다.

④ 몰입상태에서는 스스로의 행동에 대한 조절력이 있는 반면 중독 상태에서는 스스로 행동 조절이 힘들어진다.

02 다음과 같이 열띤 토론이 이어지고 있다. 사회자로서의 각 토론자들의 말을 정리해야 하는데, 다음 중 토론자들이 한 말의 중심내용을 정리한 것으로 적절하지 않은 것은?

> 영철 – 노인이 인간다운 생활을 영위하면서 소속된 가족 및 지역사회에 적응하고 통합되도록 필요한 자원을 제공하여 활기찬 노후생활을 보장하는 것을 목표로 하는 균형적 노인복지정책은 효율성과 평등성의 조화를 통하여 노동유인을 훼손하지 않음으로써 사회적 효율성을 높이면서, 사회적 평등성을 동시에 제고하는 균형적 복지체계가 구축되어야 하는 것이다. 즉, 전국민 기초생활을 국가가 책임지고 기초보장을 실시하되, 근로능력이 있는 자의 일시적인 소득중단(실업자)에 대해서는 직업훈련, 창업지원, 공공근로 등과 연계시키고, 근로능력이 없는 노령계층에 대해서는 기초연금을 통하여 기초보장을 제공하도록 한다.
>
> 시한 – 그러자면 먼저 경제정책ㆍ노동시장정책과 사회복지정책의 상호조절기능을 강화하여, 국가경쟁력과 생산성을 제고하는 방향으로 노동시장의 유연성을 제고하며, 개인의 안정적인 소득보장을 위해 고용, 평생교육 및 사회복지의 효과적인 연계망을 구축하고, 인적자본(human capital)과 사회복지에 대한 투자를 확충함으로써 노동력의 질을 높이도록 한다. 이는 곧 평생교육체계에 기초한 노인의 근로능력 향상과 창업지원 프로그램의 개발을 통한 노인의 자활지원이 국가적인 차원에서 추구되어야 함을 의미한다.
>
> 세진 – 그리고 사회적 연대에 의해 자조가 뒷받침되는 사회(caring world)를 구축하기 위해 지역사회중심의 사회서비스를 강화하는 것이 필요하다. 따라서 노동연계복지(workfare)뿐만 아니라 근로할 수 있는 환경(infra-structure)을 적극적으로 조성하여 노인의 전문성을 사회에 기여하게 하고, 노인의 필요서비스는 노령인력에 의해서 충족 될 수 있도록 하는 자립촉진형 복지의 일환으로 노인을 위한 취업 및 자립지원의 강화가 요구되고 있다.
>
> 일록 – 균형적 복지의 목표는 경제성장과 분배의 균형을 유지하여 성장 동력을 유지시키고 개인의 행복을 지원하는 정서적 복지를 제공하는 것이다. 그 결과 사회는 지속적 성장을 유지하고 국민들의 소득수준이 높아지며, 국가의 재정은 건전성을 유지하게 된다. 정책의 수단으로는 개인의 적극적인 활성화(activation)와 인력개발에 집중하여, 근로를 활성화시키고 경제성장으로 이어져 사회발전의 동력을 이끌어낼 수 있도록 한다는 것에 중점을 두고 있다.

① 영철 – 사회적 효율성을 높이면서, 사회적 평등성을 동시에 제고하는 균형적 복지체계가 구축되어야 하기 때문에, 실업자에게는 일자리를 주고 근로능력이 없는 노령계층에게 기초보장을 실시하여야 한다.

② 시한 – 노인의 근로능력 향상과 노인의 자활지원이 국가적인 차원에서 추구되어야 한다.

③ 세진 – 사회적 연대에 의해 자조가 뒷받침되는 사회(caring world)를 구축하기 위해 지역사회중심의 사회서비스를 강화하여, 노인을 위한 취업 및 자립지원의 강화가 요구된다.

④ 일록 – 사회의 지속적 성장, 국민들의 평균적인 고소득, 건전한 국가재정 등이 균형적 복지의 목표이다.

03 제시문은 여러 나라에서 시행하고 있는 다양한 유형의 국민건강보장제도에 관한 설명이다. 가장 적절하지 않은 것은?

> (가) 사회보험방식 : 국가가 의료보장에 대해 기본적으로 책임지고 있지만, 의료비에 대한 국민의 자기 책임을 일정 부분 인정하는 체계이다. 정부기관이 아닌 보험자가 보험료로 재원을 마련하여 의료를 보장하는 방식으로 독일의 비스마르크가 창시하여 비스마르크 방식이라고도 한다. 정부에 대해 상대적으로 자율성을 지닌 기구를 통한 자치적 운영을 근간으로 한다.
>
> (나) 국민건강보험방식 : 사회보험방식과 마찬가지로 사회연대성을 기반으로 한 보험의 원리를 도입한 의료보장 체계이다. 사회보험방식과 그 운영방식이 대체로 흡사하지만 국가 내 '보험자(의료에 대한 사회보험 관리운영기구)'가 1개라는 점에서 차이가 있다.
>
> (다) 국가보건서비스방식 : 국민의 의료문제는 국가가 모두 책임져야 한다는 관점에서 정부가 일반조세로 재원을 마련하여 모든 국민에게 무상으로 의료서비스를 제공하는 방식이다. 이 경우 의료기관의 상당부분이 사회화 내지 국유화되어 있다.
>
> (라) 민간보험방식 : 민간보험방식은 가입 여부가 자발적으로 결정되고 가입자의 개별적인 위험에 따라 보험료가 다르게 책정되는 다양한 민간의료보험을 위주로 운영되는 의료보장체계이다. 이 경우 급여액은 보험료 납부액에 비례하여 결정되며, 가입자와 민간 보험사가 다양한 조건으로 개별적 계약을 체결하는 특징이 있다.
>
> (마) 의료저축계정방식 : 의료저축계정방식은 정부가 의료비 지출을 위한 개인저축을 강제하는 방식이다. 해당 저축계정에 쌓인 돈은 개인과 가족의 의료비 지출에만 사용할 수 있게 하는 등 정부는 큰 범위에서만 의료보장 제도의 틀을 관리 · 통제하고 있다.

① 사회보험방식에서는 여러 개의 관리운영기구가 어느 정도 자치적으로 운영되므로 국민건강보험방식에 비해 각 관리기구 내에 있는 가입자들의 의료비 지출에 대한 책임성을 높일 수 있다.

② 민간보험방식에서는 소득계층에 따라 의료서비스의 폭과 질이 달라질 수밖에 없으므로, 국민건강권의 보장수준이 낮아지는 문제점이 발생할 수 있다.

③ 1998년부터 조직 및 재정을 단계적으로 통합하여 현재 보건복지가족부 산하기관을 통해 국민건강보장제도를 운영하고 있는 우리나라는 국민건강보험방식을 채택한 것으로 볼 수 있다.

④ 국가보건서비스방식에서는 모든 국민의 의료서비스에 대한 접근권이 보장되므로 소득재분배효과가 클 뿐 아니라 신속하게 높은 수준의 의료서비스를 제공할 수 있어 상대적으로 환자의 만족도가 높은 편이다.

04 다음 글의 주제로 가장 적절한 것은?

최근 들어 디지털 위성 방송, HDTV, VOD 등 방송 기술의 눈부신 발전은, 방송이 다룰 수 있는 내용의 범위와 수준을 이전과 비교할 수 없을 만큼 높이 끌어올렸고, 우리의 일상생활 패턴까지 바꾸어 놓았다. 또한, 이러한 기술의 발전으로 인해 방송은 오늘날 매우 중요한 광고 매체의 하나로 자리잡게 되었다. 방송이 지닌 이와 같은 성격은 문화에 큰 영향을 주는 요인으로 작용했다고 할 수 있다. 커뮤니케이션 학자 마샬 맥루한은 방송의 이러한 성격과 관련하여 "미디어는 곧 메시지이다."라고 말한 바 있다. 이 말은 방송의 기술적, 산업적 기반이 방송의 내용에 매우 큰 영향을 끼친다는 의미로 해석할 수 있다. 요즘의 대중문화는 거의 매스 미디어에 의해 형성된다고 해도 과언이 아닐 정도로 방송의 기술적 측면이 방송의 내용적 측면, 즉 문화에 미치는 영향은 크다.

이러한 방송의 위상 변화는 방송에 의한 대중문화의 상업주의적, 이데올로기적 성격을 그대로 드러내 준다. 이를 단적으로 보여 주는 한 가지 예가 '스타 현상'이다. 오늘날의 사회적 우상으로서 대중의 사랑을 한 몸에 받는 마이클 잭슨, 마이클 조던, 서태지 등은 방송이 만들어 낸 대중 스타들이다. 이러한 슈퍼스타들은 대중의 인기로 유지되는 문화 산업 시장을 독점하기 위해 만들어진 문화 상품이다. 현대 사회에서 문화 산업 발전의 첨병(尖兵)으로 방송이 만들어 낸 스타들은 로웬달이 말하는 '소비적 우상들'인 것이다. 이러한 대중문화 우상들의 상품화를 배경으로 하여 형성된 문화 산업 구조는 대중을 정치적 우중(愚衆)으로 만들기도 한다.

앞으로도 방송의 기술적, 산업적 메커니즘은 대중문화에 절대적인 영향을 미칠 것으로 예상된다. 방송 메커니즘은 다양하면서도 차별화된 우리의 문화적 갈등을 풀어 주기도 하겠지만, 대중문화의 상업주의, 소비주의, 향락주의를 더욱 심화시킬 우려 또한 크다. 21세기의 대중문화가 보다 생산적이고 유익한 것이 되고 안 되고는, 우리가 방송에 의한 폐해를 경계하는 한편, 방송 내용에 예술적 가치, 진실성, 지적 성찰 등을 얼마나 담아낼 수 있는가에 달려 있다.

① 방송의 기술적 측면이 방송의 내용적 측면인 문화에 미치는 영향은 매우 크다.
② 대중문화 스타들의 상품화를 기반으로 한 문화 산업 구조는 대중을 정치적 우중으로 만들 위험성이 있다.
③ 방송 메커니즘은 대중의 문화적 요구의 충족과 상업주의의 만연 가능성이란 양면성을 지닌 존재이다.
④ 생산적인 대중문화 창출을 위해서는 방송의 감시와 방송 컨텐츠의 충실성 확보가 필요하다.

05 다음 제시문의 내용을 읽고 유추할 수 없는 것을 〈보기〉에서 모두 고르면?

> 감염성 질병이란 단지 감염을 초래하는 미생물이 환경에 존재한다고 발생하는 것이 아니다. 질병은 미생물의 활동과 인간활동 간의 상호작용으로 초래된다. 병원균에 의한 대부분의 감염현상은 감염되는 개체의 밀도와 수에 의존한다. 문명의 발달로 인구밀도가 높아짐에 따라 이전에는 인간에게 거의 영향을 줄 수 없었던 병원균들이 인간사회의 주변에 생존하면서 질병을 일으키게 되었다. 인간활동이 질병을 초래하는 매체들의 서식지 등에 영향을 주면서 이러한 현상이 발생하였다. 말라리아와 같은 질병은 인간이 정주 생활과 농경을 위해 대규모로 토지를 개간함으로써 흐르지 않는 물이 늘어나 모기 등의 서식지를 확대시켰기 때문에 발생하였다.
>
> 인간의 정주생활은 특정 병원매체와 인간의 계속적인 접촉을 가능하게 하였다. 회충, 촌충과 같은 기생충은 일정 기간을 인간의 신체 밖에서 성장하는데 인간이 정주생활을 함에 따라 병원체의 순환이 가능해졌다. 현대의 많은 질병은 인간이 식용목적으로 동물을 사육함에 따라 동물의 질병이 인간에게 전파된 것들이다. 예를 들어 홍역은 개와 소에서, 독감은 돼지, 닭, 오리에서, 감기는 말에서 인간에게 전염되었다. 식생활의 변화, 위생관리 상태 등도 영향을 주었는데 특히 무역과 교류의 확대는 질병을 확산시켰다. 예를 들어, 홍역, 천연두, 결핵, 페스트, 유행성 이하선염, 발진 티푸스 등은 콜럼버스나 이후의 탐험가들에 의해 유럽에서 신대륙으로 옮겨졌다.

| 보기 |

ㄱ. 문명의 발달에 따라 지구상에 존재하는 병원균의 종류는 계속 증가한다.
ㄴ. 산업화로 인한 도시의 성장은 전염병의 창궐 가능성을 높인다.
ㄷ. 교통수단의 발달은 질병의 지역 간 확산을 가속시킨다.
ㄹ. 문명이 발달하면서 인간이 감염되는 질병의 수도 증가하였다
ㅁ. 인간이 감염되는 질병은 도시화와 산업화가 급속히 진전된 산업사회 이후부터 확산되었다.
ㅂ. 인간이 식용을 위해 동물을 사육하면서 인수(人獸) 공통질병이 점점 더 증가하였다.
ㅅ. 회충, 촌충과 같은 기생충의 인체감염 확대는 인간이 채집과 수렵생활을 하던 원시사회부터 시작되었다.

① ㄱ, ㄷ, ㅁ   ② ㄱ, ㅁ, ㅅ   ③ ㄴ, ㄹ, ㅁ   ④ ㄴ, ㄹ, ㅂ

06 다음 글을 읽고 ㉠의 구체적 사례로 가장 적절한 것을 찾으면?

> 관료제는 현대 조직의 중요한 속성이다. 관료제란 무엇인가? 사회학에서는 일반적으로 관료제를 '특정한 목적을 달성하기 위해 의도적으로 만든 공식 집단으로서, 엄격한 위계 서열 속에 업무를 분화한 피라미드형 대규모 집단'이라고 말하고 있다. 막스 베버에 따르면 근대 관료제는 정밀한 전문성에 입각해 있고, 매우 객관적이고 비인격적인 원리에 의해 운영된다. 그래서 개인의 사적인 감정을 개입시킨다거나 자의적이거나 보편적이지 않은 기준으로 사람을 평가해서는 안 된다. 그리고 업무를 처리하는 데 효율적이다. 업무 처리 과정에서의 기계와 같은 정밀성, 속도, 정확성, 문서에 대한 지식, 지속성, 판별력, 통합성, 엄격한 복종, 각종 비용 등의 절감 효과 때문이다.
>
> 말하자면 관료제에서는 자기 완결적인 조직 원리가 매우 잘 작동된다. 각 개인이나 부서는 자기에게 할당된 업무만을 수행하면 된다. 다른 부서나 남의 업무에 신경을 쓰는 것은 불필요한 일이며, 조직을 전체적으로 엮어 주는 시스템이 합리에 따라 제대로 돌아간다면 매우 효율적인 성과를 낼 수 있다. 그러나 합리적으로 보이는 시스템에 종종 허점이 드러난다. ㉠ 원칙에 따라 할당된 부분에만 충실한 나머지 전체를 보지 못하는 것이다.

① 법률상의 근거가 없다는 사실만을 내세워 친일파의 후손들이 조상에게 물려받은 재산을 몰수하지 않고 있다.

② 급히 사용해야 할 건축물의 준공 검사를 하면서, 안전과 직접적인 관련이 없는 규정까지도 세세하게 적용하여 조사한다.

③ 국제적 수준의 교육을 받고자 하는 학부모들의 욕구를 외면하고, 초중고 학생들의 해외 유학에 까다로운 조건을 제시한다.

④ 담당 기관들 사이에 원활한 협의가 이루어지지 않아, 상하수도·전화선·가스관 등의 공사를 위해 같은 장소를 여러 번 파낸다.

07 다음 글로부터 이끌어낼 수 있는 주장은?

> 쌀과 콩을 섞어 그릇에 담고 흔들면 쌀보다 큰 콩이 위로 올라오게 된다. 또 과자를 먹다 보면 과자 봉지 맨 밑에 과자 부스러기가 쌓여 있는 것을 기억할 것이다. 한편 차들이 일렬로 서 있는 사이에 주차할 때 틈 안으로 들어가려고 할 때가 밖으로 나올 때보다 훨씬 어렵다는 것을 우리는 경험적으로 잘 알고 있다.
>
> 이런 현상들은 전혀 다른 이야기처럼 보이지만 같은 원리로 설명할 수 있다. 쌀과 콩을 섞어놓은 것처럼 크기가 다른 물체들이 흔들리면 쌀 사이의 틈이 좁아지거나 넓어지게 된다. 이때 통계적으로 보면 넓은 틈이 생기는 것보다 좁은 틈이 생길 가능성이 많다. 따라서 통을 흔드는 동안 작은 쌀알들은 좁은 구멍을 통해 아래쪽으로 내려간다. 이에 비해 콩알만 한 구멍이 생길 가능성은 매우 적기 때문에 결국 콩은 위쪽으로 밀려 올라간다. 과자봉지도 흔들어 주면 같은 이유로 부스러기가 밑으로 내려간다.
>
> 주차할 때는 틈 안으로 들어가서 예쁘게 주차할 수 있는 방법의 가짓수에 비해 틈 안에서 밖으로 나갈 수 있는 방법의 가짓수가 훨씬 많다. 따라서 주차하려고 들어갈 때는 별로 많지 않은 가능성 중의 하나를 선택해야 하기 때문에 어렵지만, 나올 때는 선택할 경로와 방법의 수가 더 많기 때문에 훨씬 쉬워지는 것이다.
>
> 이처럼 어떤 상황이 벌어질 때 '경우의 수'가 많은 사건이 적은 사건보다 잘 일어나게 된다. 이와 달리 주사위를 던지거나 로또복권 공이 나올 때는 결과들이 같은 확률로 일어나기 때문에 어느 한 번호가 다른 번호보다 많이 나오는 일은 없다.

① 세상의 복잡한 현상들은 결국 마지막 상태에 도달할 수 있는 방법이 많은 쪽으로 발생한다.
② 모든 물체는 단지 상태만이 변할 뿐 그 본래의 에너지 상태를 계속 유지한다.
③ 특정한 외부적 힘을 주면 자연은 점점 질서 정연한 상태로 변한다.
④ 확률적 경우의 수는 최초의 상태가 어떠한 조건이냐에 따라 결정된다.

08 다음 글의 주제로 가장 적절한 것은?

월가에서 신(新)경제론자들이 판을 칠 때 기술주 거품을 예측한 합리적 투자자들은 꽤 있었다. 그러나 이들은 대개 차익거래에 나서지 못했다. 왜냐하면 차익거래에는 현실적으로 매우 높은 위험이 뒤따르기 때문이다. 90년대 신경제 거품처럼 주가 왜곡이 예상 밖으로 오래 지속되면 차익거래자는 단기적으로 손실을 크게 볼 수도 있다. 포트폴리오 자산운영 전문가들이 차익거래에 나선 자기 행동을 확신하더라도 자산관리를 맡긴 일반투자자들은 전문가의 차익거래를 제대로 평가할 능력이 없다. 따라서 투자기금이 차익거래로 단기 손실을 보면 일반투자자들은 초조감을 견디지 못하고 자산운영을 맡긴 계약을 취소하고 자금을 빼내려들 것이다. 결국 차익거래는 실패하고 소음거래자(소란스런 비합리적 거래자)의 확신만 강화될 수 있다. 이론적으로는 차익거래의 위험을 줄이는 방법들이 제시되지만 실제로 적용하는 데는 제약이 많다.

보통 사람들은 자산운용 전문가들이 합리적일 것이라고 믿고 있다. 그러나 인지심리학의 실험연구에 따르면 전문가들은 일반인보다 정보 우위에 있을 뿐 일반인이나 마찬가지로 통계적인 판단 편향과 오류를 흔히 범하는 것으로 나타난다. 그런데도 전문가들은 과잉확신 경향이 있어 자신이 소음거래자일 수도 있다는 것을 인정하려 들지 않는다. 설문조사를 해보면 90% 이상의 사람들이 자기 운전 실력이 평균 이상이라고 믿고 있다.

자산운용자들은 3개월, 6개월마다 평가를 받아야 하는 처지이기 때문에 투자시계가 단기적일 수밖에 없다. 월가의 증권분석가들이 매도 의견을 내는 경우는 2% 미만이라는 데서 알 수 있듯이 증권분석가들은 금융자본의 이익을 위해 일하는 사람이지 결코 중립적인 전문가가 아니다. 차익거래의 현실적 제약, 전문가의 과잉확신과 단기주의, 그리고 복잡하게 얽혀 있는 월가의 이해관계 등이 서로 상승작용을 일으키는 경우 신경제 거품이 장기간 지속되는 어처구니없는 시장실패가 반복적으로 발생할 수 있다.

① 자본시장이 반드시 합리적으로 운용되는 것은 아니다.
② 자산 운용 전문가의 의견에 대한 일반인의 과신은 경제적 손실로 나타날 수 있다.
③ 시장 실패는 투자자들과 증권분석가들의 예측불가능한 행동의 결과이다.
④ 차익거래의 확실성을 높일 수 있는 효율적인 방법을 찾기란 매우 힘들다.

[09~11] 다음 글을 읽고 물음에 답하시오.

1953년 잠잘 때 안구가 빨리 움직이는 렘수면(REM sleep) 단계에서 꿈을 많이 꾼다는 점이 발견된 이후 신경생리학자들은 꿈의 생리적 메커니즘을 본격적으로 연구하기 시작했다. 현재 학계에서 받아들여지는 가장 설득력있는 설명은 '활성-합성 가설'이다.

'활성-합성 가설'에 따르면 꿈을 발생시키는 장소는 대뇌와 척추 중간 부위의 뇌간이다. 이곳에는 두 가지 종류의 세포군, 즉 꿈을 꾸게 만드는 세포(렘온 세포, REM-on cells)와 꿈을 꾸지 않고 자게 하는 세포(렘오프 세포, REM-off cell)가 있다. 렘온 세포와 렘오프 세포는 시소게임을 벌이며 사람의 잠을 조절한다. 렘온 세포가 작동하는 동안, 즉 꿈 활동이 '활성'화된 시간에 렘오프 세포는 작동을 멈춘다. 반대 경우도 마찬가지다.

렘온 세포의 작동이 시작되면 세 가지 일이 벌어진다. 우선 눈과 연결된 신경을 자극해 안구의 움직임을 빠르게 만든다. 또 근육과 연결된 신경을 자극해 온몸의 근육을 완전히 이완시킨다. 만일 꿈꿀 때 근육이 이완되지 않는다면, 사람은 꿈의 내용을 좇아 자다가 밤새 뛰어다니거나 옆에서 자는 가족을 본의 아니게 두드려 패는 상황이 벌어질 것이다.

그러나 렘온 세포의 가장 중요한 기능은 시상(thalamus)을 자극하는 일이다. 시상은 접수된 신호를 대뇌피질로 확산시키는 구심점이다. 그런데 대뇌피질은 사람의 의사결정, 기억, 언어, 시각, 청각과 같은 고도의 정신 기능을 담당하는 곳이다. 바로 이 순간에 뇌는 다양한 정보를 '합성'시켜 꿈을 만드는 것이다.

'활성-합성 가설'은 사람이 꿈꿀 때 경험하는 여러 가지 상황을 잘 설명해준다. 우리는 꿈을 생생하게 '눈으로' 본다. 꿈에서 다른 사람의 말을 '귀로' 듣고 '코'와 '혀'로 음식을 맛보기도 한다. 몇 번 뵌 적이 있는 돌아가신 어른을 만나기도 한다. 기억 기능을 담당하는 대뇌피질이 작동하는 증거다.

'활성-합성 가설'의 또 다른 장점은 꿈이 비논리적이고 황당한 이유를 어느 정도 밝혀준다는 점이다. 사람들이 가장 흔히 경험하는 잡다한 꿈인 '개꿈'의 예를 들어보자. 현실에서 도덕적인 자신이 꿈만 꾸면 낯선 이성의 육체를 무분별하게 탐닉하는 모습으로 나타나는 경우가 있다. 한 번의 꿈에서 이성의 얼굴이나 장소가 시시각각으로 달라지곤 한다. 또 낮에 경험한 일이 불쑥 꿈 중간에 튀어나온다. 도무지 일관성이 없는 들쑥날쑥한 스토리다. 문제는 깨고 나면 개운치 못한 느낌과 함께 심하면 도덕적 죄의식마저 다가올 수 있다는 점이다. 이 경우 정신분석학자들은 꿈의 원인을 과거나 현재의 경험으로부터 찾으려 할 것이다. 예를 들어 이성에 대한 탐닉은 과거의 어느 순간엔가 이루지 못한 소망의 표현이라는 식이다. 이 해석이 진실을 밝힌 것이라면 꿈꾼 사람은 다소 괴로워진다. 자신도 모르는 사이 잠재의식 속에 그런 '비도덕적' 본능이 있다는 점을 인정해야 하기 때문이다. 이에 비해 '활성-합성 가설'은 '개꿈'에 대해 굳이 죄의식을 가질 필요가 없다는 점을 암시한다. 꿈은 대뇌피질의 각 영역에서 다양하게 합성됨으로써 이루어지는 복합적인 과정이다. 이때 등장인물, 시간, 장소 모두가 비현실적인 모습으로 얽히면서 꿈이 전개된다. 때로는 급격하게 변화하거나 단절되며, 때로는 삽입과 융합이 불규칙적으로 발생한다. 그 결과 자신이 중력의 법칙을 무시하고 공중을 날아다니는 꿈처럼 비현실적이고 비논리적인 꿈의 종류는 무궁무진하게 펼쳐진다. 이런 면에서 '비도덕적' 행위 역시 그런 황당무계한 꿈의 일종일 수 있다. 자신에게 숨겨진 성격이나 과거의 경험이 꿈에 반드시 반영되는 것은 아니라는 의미다.

만일 대뇌피질에서 꿈이 합성되는 패턴이 밝혀진다면 꿈의 해석은 역술가에서 신경생리학자의 몫으로 옮겨질지 모른다. 하지만 현재의 연구 수준으로는 그런 시도가 무리라는 것이 전문가들의 지적이다.

09 위 글의 내용과 일치하는 것은?

① 1953년 잠잘 때 안구가 빨리 움직이는 렘수면(REM sleep) 단계에서 꿈을 많이 꾼다는 점이 알려진 이후로 꿈에 대한 연구가 비로소 시작되었다.

② 활성-합성 가설이 온전하게 사실로 증명되면 꿈을 통해 무의식적 욕망이나 생각을 찾아내는 것이 가능하게 된다.

③ 활성-합성 가설은 꿈의 재료를 인간의 욕망 보다는 과거의 기억에서 주로 찾게 된다.

④ 꿈을 꾸는 순간에 인간의 몸과 정신은 깨어 있을 때와 마찬가지로 움직이고 있는 셈이다.

10 다음 중 '활성-합성 가설'에 따르면 꿈꿀 때 일어나는 일이 아닌 것은?

① 온 몸의 근육이 이완되어 생각처럼 몸이 움직이지 않는다.

② 렘 온 세포의 스위치가 켜지고 렘 오프 세포의 스위치가 꺼진다.

③ 냄새라든가 소리라든가, 잠잘 때 일어나는 외부의 자극을 실제로 받아들이기도 한다.

④ 대뇌피질에서 꿈이 합성된다.

11 위 글을 읽고 활성-합성 가설을 이해한 사람들이 대화를 나눈다. 이해가 적절하지 않은 사람은?

① 형주 - 결국 꿈은 잠들지 못한 두뇌의 작용 때문이라는 것이구나.

② 주현 - 꿈꾸고 기억하지 못하는 것은 렘온 세포와 렘 오프 세포의 교대적인 작용 때문이구나.

③ 상미 - 비도덕적인 내용의 꿈을 꾸게 되면 정신분석학자들은 숨겨진 욕망으로 몰고 갈 수 있는 반면, 활성-합성 가설은 개꿈이라는 말로 치부해 버릴 수가 있겠구나.

④ 정찬 - 활성-합성 가설도 숨겨진 욕망이나 무의식적 소망들이 꿈에 반영될 수 있다는 가능성을 가지고 있는 것 아니겠어.

[12~14] 다음 글을 읽고 물음에 답하시오.

1994년 미국에서 수행된 한 연구에서, AZT(azidothymidine)를 임신 중에 장기간 복용하면 HIV(인체 면역 결핍 바이러스)가 임산부에게서 태아로 전이되는 위험이 ⅓로 감소된다는 것이 입증되었다. 미국 보건 당국과 세계 보건기구는 후속 실험을 아프리카에서 수행하도록 지원하였다. 이 실험의 피험자는 HIV에 감염된 아프리카 임산부들이었다. 이 실험에는 피험자 일부에게 위약(僞藥)을 주어 그 결과를 AZT를 복용한 피험자 집단과 비교하는 과정이 포함되어 있었다.

1997년 미국의 저명한 의학 학술 잡지의 편집장인 엔젤은 이 사실을 밝히면서, 이 실험의 비도덕성을 비판했다. 시민 단체도 실험을 위해 효과가 입증된 AZT 대신 위약을 HIV 감염자들에게 주어 신생아들이 감염된 채 태어나도록 방치한 것은 비도덕적 행위라고 격렬하게 비난했다. AZT가 일단 바이러스의 전이를 막는 데 효과적인 치료제로 증명된 이상, HIV에 감염된 임산부들 모두를 위한 표준적인 치료제가 되어야 한다는 것이다.

이에 대해 ㉠연구자들은 그 실험이 실시되지 않았다 하더라도, HIV에 감염된 아프리카의 여성들은 돈이 없기 때문에 결코 AZT를 구할 수 없었을 것이라며 자신들을 변호했다. 그 여성들은 이전의 상태보다 더 악화된 것이 없다는 것이다.

엔젤과 시민 단체는 위약을 사용하는 실험이 도덕적인 이유 때문에 미국 여성들에게는 오래전부터 실시되지 않고 있다는 사실을 상기시키며, 의료 연구에서 선진국과 개발도상국 사이에 이중적인 기준이 존재할 수 있다는 것을 기본적으로 부정했다.

그러나 연구자들은 심의 기구의 승인을 받아 실험을 했으며, 피험자인 여성들이 자발적으로 동의했다며 비난을 수용하지 않았다. ㉡개발도상국 보건 관리들도 미국의 윤리적 기준을 아프리카에 적용하는 것은 '윤리적 제국주의'라며 연구자들 편을 들었다. 연구 지원 기관에서도 위약-대조군 실험을 통해 투약 기간을 단축해도 전이율이 절반으로 감소된다는 점이 증명된다면, 매년 출산 전후의 전이에 의해 HIV에 감염되는 30만 명의 아이들 중 15만 명을 구할 수 있을 것이라고 거들었다. 또한 위약을 사용하지 않는 AZT-대조군 실험에 비해 위약-대조군 실험은 더 짧은 시간에 더 적은 수의 피험자를 대상으로 실시될 수 있고, 실험이 성공하면 아프리카 각국의 정부는 HIV에 감염된 모든 임산부들에게 더 적은 용량의 AZT 치료 요법을 제공할 것이라며 연구자들을 옹호했다.

이에 대해 엔젤과 시민 단체는 위약-대조군 실험이 연구자들이 주장하는 결과를 증명하는 데 꼭 필요한 것은 아니며, 다른 실험 설계로도 동일한 결과를 보일 수 있다고 주장했다. 나아가 그 실험을 통해 더 적은 용량의 AZT로도 효과가 있다는 사실이 입증된다 해도, 80달러에 달하는 AZT 요법은 아프리카 인 평균 의료 비용의 11배에 달하기 때문에, HIV에 감염된 아프리카의 가난한 임산부 모두에게 AZT가 제공될 가능성은 없다고 주장했다.

격렬한 논쟁 끝에 1998년 미국 보건 당국은 임신 기간의 마지막 4주 동안 AZT를 복용하면 전이율이 절반으로 줄어든다고 발표하면서 그 연구를 중단시켰다.

12 ㉠의 생각과 거리가 먼 것은?

① 실험이 성공한다면 AZT 투약 기간을 줄일 수 있다.
② 실험이 피험자의 상태를 개선시켜야 할 의무는 없다.
③ 고가의 AZT를 제공하는 것은 피험자들에게도 유익하다.
④ 실험의 목표는 HIV에 대한 AZT의 약효를 향상시키는 데 있다.

13 ⓒ을 통해 알 수 있는 '개발도상국 보건 관리들'의 주장으로 가장 적절한 것은?

① 의학 연구는 각국의 현실을 고려하여 수행되어야 한다.
② 선진국의 의학 실험을 유치하면 경제 발전에 도움이 된다.
③ 소외된 사람들에게 의학 연구의 혜택이 골고루 돌아가야 한다.
④ 목적이 아무리 고상해도 인간을 수단으로 사용해서는 안 된다.

14 위 글의 위약-대조군 실험에 반대하는 편에서 〈보기〉와 같이 계획한 실험이 위약-대조군 실험보다 더 윤리적인 것이라고 주장한다고 할 때, 그 근거로 가장 적절한 것은?

─| 보기 |─────────────────────────────

　　HIV에 감염된 아프리카 임산부들 가운데 실험에 자발적으로 참여하려는 이들에게 실험에 대해 충분히 설명하고 서면 동의를 받는다. 그리고 동의한 이들을 무작위 배정 방법으로 AZT 표준 기간 투여 집단과 단기 투여 집단으로 분류한다. 실험 계획에 대해 심의 기구의 승인을 획득한다.

──────────────────────────────────

① 의학 실험은 심의 기구의 승인을 받아야 한다.
② 의학 실험은 피험자의 자발적 동의를 얻어야 한다.
③ 의학 실험에서 피험자 선정은 공정하게 이루어져야 한다.
④ 의학 실험에서 피험자의 위험은 합리적인 범위 내에서 관리되어야 한다.

[15~17] 다음 글을 읽고 물음에 답하시오.

두 사람이 케이크를 나누어 가지려 한다고 가정하자. 이 경우, 공정한 분배 방식은 먼저 한 사람이 케이크를 자르고 이어서 다른 사람이 자기 몫을 선택하도록 하는 것이다. 이때 첫 번째 사람은 자기가 원하는 방식으로 케이크를 자름으로써 자신이 원하는 바를 반영할 수 있다. 예를 들어, 그가 케이크의 양보다 초콜릿과 같은 첨가물에 더 큰 가치를 둔다면, 그는 상대방의 기호를 추정한 후, 초콜릿과 케이크의 양을 감안하여 나눌 것이다. 반면 두 번째 사람은 상대방을 고려할 필요 없이 두 조각 중 하나를 택하면 된다. 이렇게 분배할 경우, 두 사람 모두 만족할 수 있다. 두 사람 모두 직접적이지는 않지만 나름대로 분배방식에 참여하는 과정을 통해, 모두가 자신이 원하는 것 또는 원하지 않더라도 일방적으로 불리하지 않은 것을 얻을 수 있기 때문이다.

㉠ 케이크 자르기 모델은, 약간 더 복잡하기는 하지만, 세 사람이 나누어 갖는 경우에도 적용할 수 있다. 이 경우 첫 번째 사람은 먼저 두 사람이 나눌 때와 마찬가지로 케이크를 마음대로 나눈다. 물론 세 조각이 만들어지도록 해야 한다. 이어서 두 번째 사람은 자신이 원하는 방식으로 초콜릿이나 여타의 첨가물을 이미 나누어진 케이크 조각 위에 배분한다. 그런 후에 마지막으로 세 번째 사람이 먼저 케이크 조각을 선택한다. 두 사람이 나누어 갖는 경우와 마찬가지로 세 사람이 나누어 갖는 절차 역시 공평하다. 첫 번째와 두 번째 사람은 분배되어질 케이크 조각에 각각 자신의 의사를 반영했기 때문에, 그리고 세 번째 사람은 가장 먼저 선택권을 사용했기 때문에 분쟁의 소지가 없다.

케이크 자르기 모델은 이처럼 소수가 제한된 재화를 나누어 갖는 경우 매우 유용하다. 그러나 네 사람 이상의 경우에는 더 이상 적용할 수 없었다. 그래서 다수가 참여하는 경우에도 공정한 분배·분담을 보장할 수 있는 절차가 고안되었다. 일종의 경매 방식을 원용한 이 모델은 분배·분담에 참가한 모두에게 동일한 구매력을 부여한 후, 각자가 원하는 재화가 모두 낙찰될 때까지 경매절차를 통해 분배한다. 예를 들어 이혼한 부부가 예전에 공동으로 소유한 물품을 나누어 갖는 경우를 생각해보자. 우선 당사자들이 동일한 구매력을 보유토록 하기 위해 각자에게 100환이라는 가상 화폐를 지급한다. 그리고 이들이 나누어 가질 공동 소유물에 하나씩 번호를 붙인다. 만약 모두 10개의 물품이 있다면, 부부는 각자 나름대로 10개의 물품에 대한 선호도에 따라 입찰할 금액을 배정할 것이다. 일례로 집이 입찰 대상인데 만약 남편이 집에 대해 50환의 가치를 부여하고 부인은 40환의 가치를 부여했다면, 집은 남편에게 낙찰된다.

결과는 모두에게 만족스럽다. 남편은 원하던 것을 얻었으니 만족할 것이고 부인은 원하던 것을 얻지 못했지만 대신 나머지 물품의 경매에서 상대적으로 유리한 입지를 확보할 수 있기 때문이다. 자동차를 비롯한 나머지 물품도 같은 방식으로 분배할 수 있다. 중요한 것은 누가 무엇을 갖는지가 아니라 부부 모두가 절차의 공정성을 인정하고 결과에 승복할 수 있다는 것이다. 때에 따라서는 좋아하는 것만이 아니라 싫어하는 것도 나누어 가져야 할 경우가 있다. 이혼한 부부의 경우, 집이나 자동차는 가지면 득이 되지만 부채나 양육비는 떠맡을수록 부담이 된다. 그러나 싫어하는 것도 공정하게만 분담한다면 크게 문제될 것이 없다. 싫어하는 것을 분담하는 방식도 좋아하는 것을 나누어 갖는 방식과 동일하다. 가장 싫어하는 일에 가장 적은 가치를, 상대적으로 덜 싫어하는 일에는 더 큰 가치를 부여하게 하는 것이다.

이와 같이 경매 모델은 당사자 모두가 스스로 가치를 부여하도록 함으로써 각자의 선호와 욕구가 분배·분담에 반영될 수 있도록 하며, 동시에 모두에게 대등한 기회를 부여함으로써 절차상 제기될 수 있는 분쟁의 소지를 제거한다. 경매 모델은, 충분히 개발할 경우, 재산분배문제에서 환경오염에 대한 비용분담문제에 이르기까지 다양한 경우에 적용할 수 있을 것이다.

15 ㉠의 장점으로 가장 적절한 것은?

① 똑같은 비율로 참가자만큼 조각이 나와 가장 공평하게 나뉘어지는 모델이다.

② 제한된 재화를 나눌 때 주로 쓰는 방식으로 인원수의 다·소에 상관없이 공평하다는 장점이 있다.

③ 알려진 재화 나누기 방법 중에서 결과적인 면에서 가장 공평한 방법이다.

④ 모두가 만족할 수 있는 방법으로 분배가 이루어지는 모델이다.

16 위 글에서 소개한 두 가지 모델의 특징을 표로 정리했다. 다음 중 가장 적절한 것은?

		케이크 자르기 모델	경매모델
①	가치	나누려는 재화의 양에 가치를 둔다.	나누려는 재화의 질에 가치를 둔다.
②	목적	결과상의 공정한 분배를 이룬다.	절차상 공정한 분배를 이룬다.
③	참가 가능 인원	2~3명까지만	4명 이상일 경우에만
④	적용범위	각자의 선호가 분배에 소극적으로 반영된다.	각자의 선호가 분배에 적극적으로 반영된다.

17 다음은 케이크 자르기 모델과 경매모델을 비판한 것이다. 가장 적절한 것은?

① 케이크 자르기 모델의 경우, 모든 사람이 동시에 참여하지 못하므로 절차상의 조작이 일어날 가능성이 있다.

② 케이크 자르기 모델의 경우 제일 처음에 나누는 사람이 한 조각만 극단적으로 크게 자르는 경우 공평하지 못한 분배가 된다는 단점이 있다.

③ 경매모델은 여러 가지 물품 중에 경매 참가자들이 원하는 것은 단 하나의 물품일 경우, 자신들이 가진 모든 구매력을 그 물품에 건다고 한다면 분배가 어려워지는 단점이 있다.

④ 경매모델의 경우, 가진 구매력 자체가 다를 수 있으므로 공평하지 못하다는 문제가 발생한다.

[18~20] 다음 글을 읽고 물음에 답하시오.

MRI는 핵자기공명(NMR, Nuclear Magnetic Resonance)이라는 물리학적 원리를 영상화한 기술이다. MRI는 우리 몸의 70%나 차지하는 물분자(H_2O)를 이루는 수소원자를 이용한다. 예를 들어 에탄올(CH_3CH_2OH)을 NMR로 분석한다고 해 보자. 에탄올에는 세 가지 종류의 수소(H)가 있다. 탄소(C)와 3개 결합한 수소(CH_3-), 2개 결합한 수소(-CH_2-), 그리고 산소(O)와 1개 결합한 수소(-OH)가 그것이다.

이들 수소의 원자핵은 양성자라 불리는 아주 작은 입자(수소 원자 지름의 10만분의 1 정도)인데, 양성자는 (+1)의 양전하를 가지고 지구가 자전하듯 회전하기 때문에 미니자석 같은 성질을 나타낸다. 그러니까 에탄올에는 양성자라는 미니 자석이 세 개, 두 개, 한 개 순서로 배열되어 있는 셈이다. 그런데 자석은 자기장을 형성해 같은 극끼리는 밀고 다른 극끼리는 당기는 식으로 서로 힘을 미친다. 따라서 에탄올의 수소들은 다른 수소들이 만들어내는 자기장을 감지하게 된다. 세 가지 환경이 다른 수소가 감지하는 자기장은 약간씩 다르게 되고, 이 미세한 자기장의 차이를 검출하면 각각 수소의 환경을 조사할 수 있다.

여기서 로터버 박사는 NMR의 적용 범위를 분자 크기에서 cm단위로 확장해 몸속의 물을 구성하는 수소를 조사하면 인체 내부를 들여다 볼 수 있지 않을까 생각했다. 인체는 부위와 조직에 따라 물의 분포가 약간씩 다르기 때문이다. 이를 테면 근육과 뼈는 물의 함량이 크게 다르다. 또 종양과 같이 문제가 발생한 부위는 정상 조직과 물의 함량이 달라진다. 따라서 MRI를 통해 근육, 뼈, 뇌, 척수 등의 물의 함량을 조사하면 신체 내부를 들여다볼 수 있다.

MRI에 장착된 고감도 자기센서는 신체 조직의 물이 만드는 미약한 자기장을 감지한다. 이를 내부 코일로 증폭시켜 위치와 세기를 등고선처럼 나타낸다. 컴퓨터를 이용해 이 등고선처럼 표시된 것을 영상화한다.

X 선을 이용한 '단층영상'(CT)이나 인체에 흡수된 방사능 동위원소가 붕괴되는 현상을 측정하는 '핵의학영상'은 인체 위험성 때문에 반복 촬영으로 방사선 피폭이 허용량을 초과할 때는 진단의 유용성에 따라 전문가가 결정하는 문제가 따른다. 반면 MRI는 자석에서 나오는 자기장을 이용해 검사로 인한 통증이나 부작용, 유해성이 없다는 장점이 있다.

과학자들은 MRI의 정확도를 높이기 위한 연구를 계속해 왔다. MRI 기계의 자기장을 높여 정확도를 올리는 방법도 있지만 보다 효과적인 것은 조영제를 바꾸는 것이다. 조영제란 MRI를 찍기 전에 주사해 원하는 부위의 영상을 선명하게 보이게 하는 역할을 하는 시약이다.

이 가운데 최근 국내 연구팀이 개발한 조영제가 주목받고 있다. 서울대 화학생물공학부 H 교수와 성균관대 삼성서울병원 L 교수팀은 0.7mm 크기의 암세포를 찾아내는 고해상도 영상을 촬영하는데 성공했다. 0.7mm 크기는 현재까지 가장 정교한 수준이다.

H 교수팀이 개발한 방법은 산화망간 나노입자로 만든 조영제를 이용한다. 새 조영제는 세포 안에 흡수가 잘 되고, 독성이 없으며, 표면에 약제 등을 부착할 수 있는 장점이 있다. 연구팀이 개발한 조영제를 쥐의 정맥에 주사한 뒤 MRI로 뇌, 간, 신장, 척추 등을 촬영하자 해부를 통해 만든 것처럼 선명한 영상을 얻을 수 있었다.

게다가 다른 방법으로는 그동안 정확히 촬영하기 힘들었던 뇌까지 MRI로 또렷한 영상을 얻는 것이 가능해졌다. 이번에 개발한 조영제가 뇌의 보호 장벽인 '혈뇌장벽'도 통과해 뇌 속 깊은 곳까지 침투하기 때문이다. 정확도가 높아진 만큼 치명적인 질병을 조기에 발견할 수 있게 된 셈이다.

MRI는 1980년대 초 처음 사용된 뒤로 2002년 약 2만2,000개의 장치가 전세계적으로 사용되고 있다. MRI로 촬영되는 영상도 매년 6,000만 건이 넘는 것으로 추산된다. 새로운 MRI 조영제의 개발로 알츠하이머병, 파킨슨병, 간질처럼 뇌에서 진행되던 질병도 훤히 들여다 볼 날이 머지않아 보인다.

18 위 글에서 추론한 것으로 타당한 것끼리 〈보기〉에서 골라 짝지어 진 것은?

> ┤ 보기 ├─
>
> ㄱ. MRI는 우리 몸에 내재한 에탄올에 들어 있는 세 종류의 수소를 구별해 봄으로써 몸속을 들여다보는 방법이다.
> ㄴ. 동일한 재질로 만들어진 쇳덩어리는 MRI 방법으로 그 속을 들여다보기 힘들 것이다.
> ㄷ. MRI는 지금까지 알려진 바로는 인체에 전혀 해가 없다.
> ㄹ. MRI는 다른 방법에 비해서 가장 정확한 방법으로 알려져 있다.
> ㅁ. MRI를 만드는 기술은 우리나라가 세계적으로도 앞서 있는 분야다.

① ㄱ, ㄴ   ② ㄱ, ㄷ   ③ ㄴ, ㄷ   ④ ㄴ, ㅁ

19 다음 중 위 글에서 설명한 조영제와 유사한 원리를 가지는 방법은?

① 레이다에 잡히는 영상의 해상도를 높이면 보다 정확하게 레이다에 잡히는 영상의 정체를 식별할 수 있다.
② 세포를 현미경으로 관찰하기 전 아세트산카민이나 메틸렌블루 등의 염색약으로 염색하면 보다 쉽게 관찰할 수 있다.
③ 야간에 적외선 망원경으로 지형을 관찰하면 하얀색의 목표물일수록 보다 쉽게 눈에 띄는 경향이 있다.
④ X선을 찍기 전 가능한 음식을 못 먹게 해서 보다 뚜렷하게 인체를 관찰할 수 있었다.

20 위 글에서 CT와 MRI의 차이점을 파악해서 비교해 보았다. 적절한 것은?

① CT는 피폭문제 때문에 두 번 이상 촬영할 수 없지만 MRI는 여러 번 촬영해도 상관없다.
② MRI는 조영제의 도움을 받으면 분자수준까지 그 정확도를 높일 수 있다.
③ CT로 뇌를 촬영하기는 쉬운 일이 아니지만 MRI로는 정확하게 촬영 가능하다.
④ MRI의 촬영이 매년 6,000만 건을 넘어가며, CT 촬영보다도 더 빈번한 이용을 보이고 있다.

2교시 수리능력

총 20문항 20분

01 다음 〈그림〉은 국민의료비 중 총진료비와 1인당 진료비에 대한 자료이다. 이를 해석한 것으로 옳지 않은 것은?

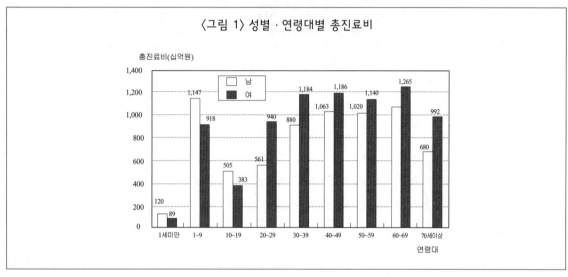

〈그림 1〉 성별 · 연령대별 총진료비

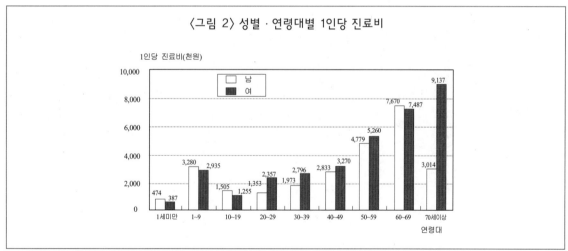

〈그림 2〉 성별 · 연령대별 1인당 진료비

① 19세 이하 남성의 총진료비는 19세 이하 여성의 총진료비보다 많다.

② 20세 이상 여성의 총진료비는 20세 이상 남성의 총진료비보다 많다.

③ 20세 이상 남녀의 1인당 진료비는 연령대가 높아짐에 따라 증가한다.

④ 남녀간 총진료비의 차이는 20~29세에서 가장 크고, 1세 미만에서 가장 작다.

02 다음 〈그림〉은 2016년 3개 기관 유형의 분야별 연구개발비 비중을 나타낸 것이다. 이에 대한 〈보기〉의 설명 중 옳은 것을 모두 고르면?

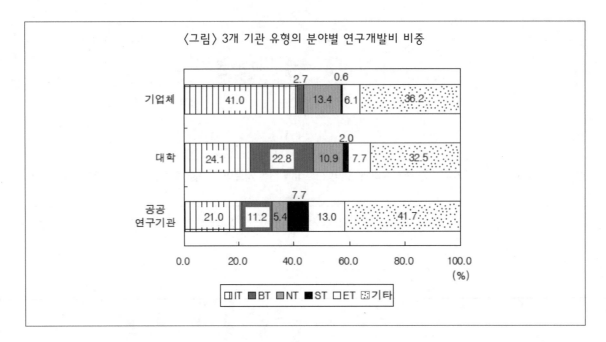

〈그림〉 3개 기관 유형의 분야별 연구개발비 비중

| 보기 |

ㄱ. 공공연구기관의 연구개발비는 BT분야가 NT분야의 2배 이상이다.

ㄴ. 기업체의 IT, NT분야 연구개발비 합은 기업체 전체 연구개발비의 50% 이상이다.

ㄷ. 3개 기관 유형 중 ET분야 연구개발비는 공공연구기관이 가장 많다.

① ㄱ   ② ㄴ   ③ ㄱ, ㄴ   ④ ㄴ, ㄷ

03 다음은 흡연 여부에 따른 폐암 발생 현황을 〈표〉로 정리한 것이다. 〈표〉와 〈참고〉에 근거한 설명으로 〈보기〉에서 옳은 것을 모두 고르면?

〈표〉 흡연 여부에 따른 폐암 발생 현황

(단위 : 명)

구분		폐암 발생 여부		계
		발생	비발생	
흡연 여부	흡연	300	700	1,000
	비흡연	300	9,700	10,000
계		600	10,400	11,000

─| 참고 |─

□ 기여율 $= \dfrac{A-B}{A} \times 100$

(위험요인에 노출된 사람 중에서 질병발생률 중 몇 %가 위험요인에 기인한 것인가를 나타냄)

A = 위험요인에 노출된 사람 중에서 질병발생률 (%)

B = 위험요인에 노출되지 않은 사람 중에서 질병발생률 (%)

─| 보기 |─

ㄱ. 흡연자가 비흡연자보다 폐암발생률이 10배 높다.

ㄴ. 흡연자 100명에서 폐암이 발생할 사람 수는 비흡연자 100명에서 폐암이 발생할 사람 수보다 27명 더 많다.

ㄷ. 흡연의 폐암발생 기여율은 90 %이다.

ㄹ. 조사 대상의 전체 인구 중 폐암 발생자 비율이 조사대상의 전체 인구 중 흡연자 비율보다 높게 나타난다.

① ㄱ, ㄴ   ② ㄴ, ㄷ   ③ ㄷ, ㄹ   ④ ㄱ, ㄴ, ㄷ

[4~5] 다음 〈표〉는 건강행태 위험요인별 질병비용에 대한 자료이다. 이를 보고 물음에 답하시오.

〈표〉 건강행태 위험요인별 질병비용

(단위 : 억원)

위험요인＼연도	2007	2008	2009	2010
흡연	87	92	114	131
음주	73	77	98	124
과체중	65	72	90	117
운동부족	52	56	87	111
고혈압	51	62	84	101
영양부족	19	35	42	67
고콜레스테롤	12	25	39	64
계	359	419	554	715

※ 질병비용이 클수록 순위가 높음.

04 위 표에 대한 설명으로 옳은 것은?

① '위험요인'별 질병비용의 순위는 매년 변화가 없다.
② 2008~2010년의 연도별 질병비용에서 '영양부족' 위험요인이 차지하는 비율은 전년대비 매년 증가한다.
③ 2008~2010년의 연도별 질병비용에서 '운동부족' 위험요인이 차지하는 비율은 전년대비 매년 증가한다.
④ 연도별 질병비용에서 '과체중' 위험요인이 차지하는 비율이 가장 높은 해는 2007년이다.

05 '고혈압' 위험요인의 경우 2008년부터 2010년까지 질병비용의 전년대비 증가율이 가장 큰 해의 증가율은?

① 20.2%　　② 21.6%　　③ 35.5%　　④ 38.6%

06 다음 〈표〉는 우리나라 콘텐츠 산업의 수출 현황을 나타낸 것이다. 〈조건〉을 이용하여 A, B, E에 해당하는 산업을 바르게 나열한 것은?

〈표〉 우리나라 콘텐츠 산업의 수출 현황

(단위 : 천달러)

산업＼국가	중국	일본	인도	미국	합
A	21,489	24,858	24,533	90,870	161,750
B	1,665	9,431	2,061	306	13,463
C	281,330	248,580	103,093	138,238	771,241
D	824	5,189	2,759	8,767	17,539
E	7,328	68,494	26,594	1,324	103,740

| 조건 |

○ 출판산업의 수출액이 큰 순서는 미국, 일본, 인도, 중국이다.
○ 영화산업의 수출액이 큰 순서는 미국, 일본, 인도, 중국이다.
○ 음악산업과 방송산업 수출액의 합은 중국, 인도, 미국을 모두 합친 것보다 일본이 크다.
○ 음악산업과 출판산업 수출액의 합이 가장 큰 국가는 미국이다.

	A	B	E
①	출판	방송	음악
②	영화	음악	방송
③	출판	음악	방송
④	영화	방송	음악

[7~8] 다음은 건강보험공단의 NCS직업기초능력검사에 응시한 '가'대학교, '나'대학교 학생들의 의사소통, 수리, 문제해결 영역 시험성적에 관한 〈표〉이다. 이를 보고 물음에 답하시오.

〈표〉 반별 · 과목별 시험성적

(단위 : 점)

구분	평균				영역별 총점
	'가'대학교		'나'대학교		
	남학생 (20명)	여학생 (20명)	남학생 (15명)	여학생(15명)	
의사소통	6.0	6.5	A	6.0	365
수리	B	5.5	5.0	6.0	320
문제해결	5.0	5.0	6.0	5.0	315

※ 각 과목의 만점은 10점임.

07 A, B에 각각 들어갈 점수는?

① A = 5, B = 5   ② A = 5, B = 6   ③ A = 6, B = 5   ④ A = 6, B = 6

08 위 표를 읽고 이해한 것 중 옳은 것을 〈보기〉에서 모두 고르면?

| 조건 |

ㄱ. 의사소통 영목의 경우 '나'대학교 학생들의 평균이 '가'대학교 학생들의 평균보다 높다.
ㄴ. 3개 과목 전체 평균의 경우 '가'대학교 여학생 평균이 '가'대학교 남학생 평균보다 높다.
ㄷ. 전체 남학생의 문제해결 평균은 전체 여학생의 문제해결 평균보다 높다.

① ㄴ   ② ㄱ, ㄴ   ③ ㄱ, ㄷ   ④ ㄴ, ㄷ

09 A시는 2016년에 폐업 신고한 전체 자영업자를 대상으로 창업교육 이수 여부와 창업부터 폐업까지의 기간을 조사하였다. 다음 〈그림〉은 조사결과를 이용하여 창업교육 이수 여부에 따른 기간별 생존비율을 비교한 자료이다. 이에 대한 설명으로 옳은 것은?

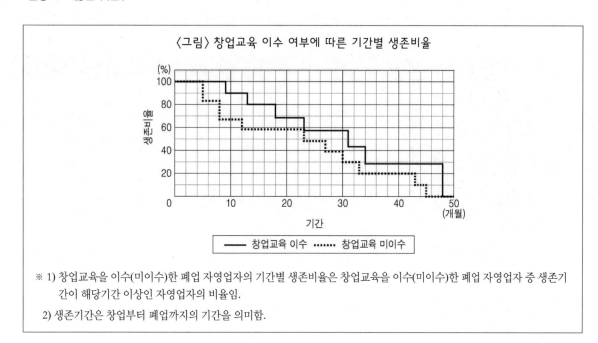

〈그림〉 창업교육 이수 여부에 따른 기간별 생존비율

※ 1) 창업교육을 이수(미이수)한 폐업 자영업자의 기간별 생존비율은 창업교육을 이수(미이수)한 폐업 자영업자 중 생존기간이 해당기간 이상인 자영업자의 비율임.
　2) 생존기간은 창업부터 폐업까지의 기간을 의미함.

① 창업교육을 이수한 폐업 자영업자 수가 창업교육을 미이수한 폐업 자영업자 수보다 더 많다.
② 창업교육을 미이수한 폐업 자영업자의 평균 생존기간은 창업교육을 이수한 폐업 자영업자의 평균 생존기간보다 더 길다.
③ 창업교육을 이수한 폐업 자영업자의 생존비율과 창업교육을 미이수한 폐업 자영업자의 생존비율의 차이는 창업 후 20개월에 가장 크다.
④ 창업교육을 미이수한 폐업 자영업자 중 생존기간이 10개월 미만인 자영업자의 비율은 20% 이상이다.

[10~11] 다음 〈표〉는 AIIB(Asian Infrastructure Investment Bank)의 지분율 상위 10개 회원국의 지분율과 투표권 비율에 대한 자료이다.

〈표〉 지분율 상위 10개 회원국의 지분율과 투표권 비율

(단위 : %)

회원국	지역	지분율	투표권 비율
중국	A	30.34	26.06
인도	A	8.52	7.51
러시아	B	6.66	5.93
독일	B	4.57	4.15
한국	A	3.81	3.50
호주	A	3.76	3.46
프랑스	B	3.44	3.19
인도네시아	A	3.42	3.17
브라질	B	3.24	3.02
영국	B	3.11	2.91

※ 1) 회원국의 지분율(%) = $\dfrac{\text{해당 회원국이 } AIIB \text{의 출자한 자본금}}{AILB \text{의 자본금 총액}} \times 100$

2) 지분율이 높을수록 투표권 비율이 높아짐.

10 지분율 상위 4개 회원국의 투표권 비율을 합하면 몇 %인가?

① 40.23%　　　　② 42.25%　　　　③ 43.65%　　　　④ 45.25%

11 위 표를 읽고 판단한 것 중 〈보기〉에서 옳은 것만을 모두 고르면?

| 보기 |

ㄱ. 중국을 제외한 지분율 상위 9개 회원국 중 지분율과 투표권 비율의 차이가 가장 큰 회원국은 인도이다.

ㄴ. 지분율 상위 10개 회원국 중에서, A지역 회원국의 지분율 합은 B지역 회원국의 지분율 합의 3배 이상이다.

ㄷ. AIIB의 자본금 총액이 2,000억 달러라면, 독일과 프랑스가 AIIB에 출자한 자본금의 합은 160억 달러 이상이다.

① ㄱ, ㄴ　　　　② ㄱ, ㄷ　　　　③ ㄴ, ㄷ　　　　④ ㄱ, ㄴ, ㄷ

12 다음 〈표〉는 A회사 지사들의 교육훈련 유형별 직원참여율이다. 〈표〉의 내용을 나타낸 것 중 옳지 않은 것은?

〈표〉 지사별 교육훈련 유형별 직원참여율

(단위 : 명, %)

지사 \ 교육훈련 유형	직원수	교실 강의	e-러닝	현장 실습	멘토링	액션 러닝	팀빌딩
한국	81	59.3	88.9	22.2	23.5	6.2	25.9
홍콩	232	71.6	90.9	21.6	12.1	11.6	25.9
일본	117	59.8	93.2	10.3	38.5	1.7	0.0
중국	42	95.2	61.9	11.9	0.0	0.0	90.5
계	472	68.6	88.6	18.0	19.5	7.2	25.2

※ 1) A회사의 지사는 4개임.
　2) 직원참여율은 소수점 아래 둘째자리에서 반올림한 수치임.

① 지사 전체의 교육훈련 유형별 직원참여율

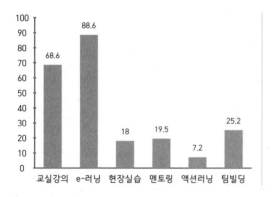

② 현장실습 참여 직원의 지사별 구성비 (단위 %)

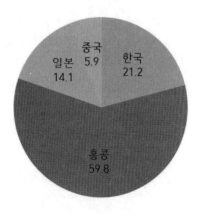

③ 지사 전체와 일본 지사의 교육훈련 유형별 직원참여율

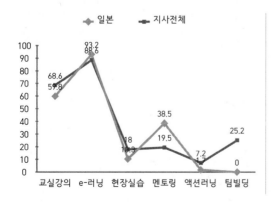

④ 지사별 e-러닝 참여 직원수

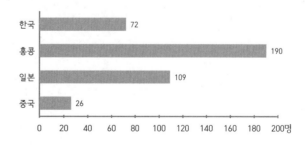

13 H기업은 당해연도에 생산된 제품 A를 그 해에 전량 판매하고 있다. 다음 〈그림〉은 제품 A의 생산량에 따른 손익분기 상황을 나타낸 것이다. 이 〈그림〉에 대한 〈보기〉의 설명 중 옳은 것만 고르면? (단, 생산량이 증가하더라도 단위당 판매가격 및 변동비용은 항상 동일하며, 총비용은 고정비용과 변동비용의 합이다.)

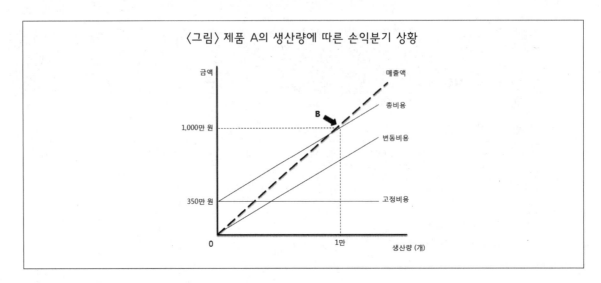

〈그림〉 제품 A의 생산량에 따른 손익분기 상황

| 보기 |

ㄱ. H기업은 총비용과 매출액이 만나는 지점인 B점에서 손해도 이익도 보지 않는다.

ㄴ. H기업은 B점 왼쪽에서 생산량을 결정해야 손해를 보지 않는다.

ㄷ. 생산량을 15,000개로 늘린 후 전량 판매하면 H기업은 이익을 보게 된다.

ㄹ. 매출액을 생산량으로 나눈 단위당 판매가격은 650원이다.

① ㄱ, ㄴ　　　　　② ㄱ, ㄷ　　　　　③ ㄴ, ㄹ　　　　　④ ㄷ, ㄹ

[14~15] 다음 〈표〉는 3개 지역의 인구수와 부양비를 조사한 자료이다.

〈표〉 지역별 인구수와 부양비

(단위 : 명, %)

지역	총인구수	총부양비	유년부양비
A	4,000	60	30
B	6,000	20	15
C	3,500	40	20

※ 1) 총부양비 $= \dfrac{0\sim4\text{세 인구}+65\text{세 이상 인구}}{15\sim64\text{세 인구}} \times 100$

2) 유년부양비 $= \dfrac{0\sim14\text{세 인구}}{15\sim64\text{세 인구}} \times 100$

3) 노년부양비 $= \dfrac{65\text{세 이상 인구}}{15\sim64\text{세 인구}} \times 100$

4) 노령화지수 $= \dfrac{65\text{세 이상 인구}}{0\sim14\text{세 인구}} \times 100$

14 A지역의 15~64세 인구는?

① 2,000명　　　　② 2,500명　　　　③ 2,800명　　　　④ 3,000명

15 표를 보고 판단한 설명 중 옳은 것을 〈보기〉에서 모두 고르면?

┤ 보기 ├

ㄱ. 노년부양비가 큰 지역부터 순서대로 나열하면 A지역, B지역, C지역이다.

ㄴ. 총인구수가 작은 지역일수록 총부양비가 크다.

ㄷ. A지역과 C지역의 노령화지수는 같다.

ㄹ. A지역 노년부양비는 B지역 노년부양비의 6배이다.

① ㄱ, ㄴ　　　　② ㄴ, ㄷ　　　　③ ㄴ, ㄹ　　　　④ ㄷ, ㄹ

16 다음 〈표〉들은 우리나라의 20대 이상 성인들을 대상으로 분야별 부패정도와 부패의 원인에 대한 인식을 조사한 것이다. 조사결과를 바르게 해석한 것을 모두 고르면?

〈표1〉 분야별 부패정도에 대한 인식

(단위 %)

분야 / 조사대상	정치권	법조계	행정부	교육계	기타
20, 30대	64.5	15.8	7.3	5.9	6.5
40, 50대	65.2	18.8	4.4	5.6	6.0
60대 이상	60.4	23.6	0.0	6.4	9.6

〈표2〉 부패의 원인에 대한 인식

(단위 %)

부패원인 / 조사대상	저임금	정경유착	산납관행	온정주의	무응답
20, 30대	11.2	44.4	36.0	8.4	0.0
40, 50대	23.6	27.2	40.4	6.4	2.4
60대 이상	54.8	12.4	17.2	15.6	0.0

─| 보기 |─

ㄱ. 모든 연령층의 응답자들이 가장 부패했다고 인식하는 분야는 정치권이다.

ㄴ. 다른 연령층에 비해 20, 30대는 정경유착을 부패의 원인이라고 인식하는 비율이 높다.

ㄷ. 위 〈표〉에 의하면 부패척결을 위해서는 저임금문제를 해결하는 것이 가장 중요하다.

ㄹ. 연령층이 높아질수록 부패의 원인이 온정주의라고 응답한 사람수가 많아진다.

① ㄱ, ㄴ   ② ㄴ, ㄹ   ③ ㄱ, ㄴ, ㄷ   ④ ㄱ, ㄴ, ㄹ

[17~18] 다음 〈표〉는 신체질량지수에 의한 비만도와 표준체중법에 의한 비만도에 관한 것이다.

〈표 1〉 신체질량지수에 의한 비만도 판정과 암 발생률

(단위 : %)

비판도	판정	위암	대장암	폐암	식도암
18.5 미만	저체중	15.8	13.5	17.2	9.7
18.5~23 미만	정상	14.4	11.3	16.3	10.8
23~25 미만	과체중	15.3	13.4	17.6	12.7
25 이상	비만	23.9	27.6	19.2	14.1

※ 신체질량지수에 의한 비만도 $= \dfrac{체중(kg)}{[신장(m)]^2}$

〈표 2〉 신장별 표준체중식

신장(cm)	표준체중(kg)
150 미만	[신장(cm) − 100] × 1.0
150~160 미만	[신장(cm) − 150] ÷ 2 + 50
160 이상	[신장(cm) − 100] × 0.9

〈표 3〉 표준체중법에 의한 비만도 판정

비만도(%)	판정
90 미만	저체중
90~110 미만	정상
110~120 미만	과체중
120~130 미만	비만
130 이상	병적비만

※ 표준체중법에 의한 비만도 $= \dfrac{현재체중(kg)}{표준체중(kg)} \times 100$

17 위 자료들을 보고 해석한 것 중 맞는 것끼리 〈보기〉에서 골라 묶은 것은?

| 보기 |

ㄱ. 신체질량지수에 의한 비만도 판정에 따르면, 비만인 사람의 대장암 발생률은 위암 발생률보다 높다.

ㄴ. 신체질량지수에 의한 비만도 판정에 따르면, 저체중 그룹에서 위암으로 사망할 확률보다, 비만 그룹에서 식도 암으로 사망할 확률이 조금 더 높다.

ㄷ. 신체질량지수에 의한 비만도 판정에 따르면, '비만'으로 판정된 사람이 속한 집단의 대장암 발생률은 '저체중' 으로 판정된 사람이 속한 집단의 대장암 발생률의 2배 이상이다.

---

① ㄱ, ㄴ   ② ㄱ, ㄷ   ③ ㄴ, ㄷ   ④ ㄱ, ㄴ, ㄷ

18 A씨는 신장이 170 cm, 체중이 86.7 kg이라고 한다. 이 때 다음 설명 중 옳지 않은 것은?

① 신체질량지수에 의한 비만도 판정에 따르면 A씨는 비만이다.

② A씨가 신장의 변화 없이 16.7 kg을 감량할 때 신체질량지수에 의한 비만도 판정에 따르면, A씨가 속하는 집단의 식도암 발생률은 12.7 %이다.

③ A씨의 표준체중법에 의한 비만도는 [86.7 ÷ {(170 − 100) ×0.9}] × 100이다.

④ 표준체중법에 의한 비만도 판정에 따르면, A씨는 '비만'으로 판정된다.

[19~20] 사학자 A씨는 고려시대 문헌을 통하여 당시 상류층(왕족, 귀족, 승려) 남녀 각각 160명에 대한 자료를 분석하여 다음과 같은 〈표〉를 작성하였다. 이를 보고 물음에 답하시오.

〈표〉 고려시대 상류층의 혼인연령, 사망연령 및 자녀수

구 분		평균 혼인연령(세)	평균 사망연령(세)	평균 자녀수(명)
승려 (80명)	남(50명)	-	69	-
	여(30명)	-	71	-
왕족 (40명)	남(30명)	19	42	10
	여(10명)	15	46	3
귀족 (200명)	남(80명)	15	45	5
	여(120명)	20	56	6

※ 승려를 제외한 모든 남자는 혼인하였고 이혼하거나 사별한 사례는 없음.

19 귀족의 평균 자녀수는?

① 5.1명   ② 5.6명   ③ 5.8명   ④ 6.2명

20 위 〈표〉에 대한 진술 중 옳은 것을 〈보기〉에서 모두 고른 것은?

─| 보기 |─
ㄱ. 귀족 남자의 평균 혼인기간은 왕족 남자의 평균 혼인기간보다 길다.
ㄴ. 귀족의 평균 혼인연령은 왕족보다 높다.
ㄷ. 평균 사망연령의 남녀 간 차이는 승려가 귀족보다 작다.

① ㄱ, ㄴ   ② ㄱ, ㄷ   ③ ㄴ, ㄷ   ④ ㄱ, ㄴ, ㄷ

3교시 | 문제해결능력

총 20문항 20분

01 아래의 정보만으로 판단할 때 기초생활수급자로 선정할 수 없는 경우는?

> 가. 기초생활수급자 선정기준
> ○ 부양의무자가 없거나, 부양의무자가 있어도 부양능력이 없거나 또는 부양을 받을 수 없는 자로서 소득인정액이 최저생계비 이하인 자
> ※ 부양능력 있는 부양의무자가 있어도 부양을 받을 수 없는 경우란, 부양의무자가 교도소 등에 수용되거나 병역법에 의해 징집·소집되어 실질적으로 부양을 할 수 없는 경우와 가족관계 단절 등을 이유로 부양을 거부하거나 기피하는 경우 등을 가리킨다.
> 나. 매월 소득인정액 기준
> ○ 소득인정액 = 소득평가액 + 재산의 소득환산액
> ○ 소득평가액 = 실제소득 − 가구특성별 지출비용
>   1) 실제소득 : 근로소득, 사업소득, 재산소득
>   2) 가구특성별 지출비용 : 경로연금, 장애수당, 양육비, 의료비, 중·고교생 입학금 및 수업료
> 다. 가구별 매월 최저생계비
>
> (단위 : 만원)
>
> | 1인 | 2인 | 3인 | 4인 | 5인 | 6인 |
> |---|---|---|---|---|---|
> | 42 | 70 | 94 | 117 | 135 | 154 |
>
> 라. 부양의무자의 범위
> ○ 수급권자의 배우자, 수급권자의 1촌의 직계혈족 및 그 배우자, 수급권자와 생계를 같이 하는 2촌 이내의 혈족

① 유치원생 아들 둘과 함께 사는 A는 재산의 소득환산액이 12만원이고, 구멍가게에서 월 100만원의 수입을 얻고 있으며, 양육비로 월 20만원씩 지출하고 있다.

② 부양능력이 있는 근로소득 월 60만원의 조카와 살고 있는 B는 실제소득 없이 재산의 소득환산액이 36만원이며, 의료비로 월 30만원을 지출한다.

③ 중학생이 된 두 딸을 혼자 키우고 있는 C는 재산의 소득환산액이 24만원이며, 근로소득으로 월 80만원이 있지만, 두 딸의 수업료로 각각 월 11만원씩 지출하고 있다.

④ 외아들을 잃은 D는 어린 손자 두 명과 부양능력이 있는 며느리와 함께 살고 있다. D는 근로소득이 월 80만원, 재산의 소득환산액이 48만원이며, 의료비로 월 15만원을 지출하고 있다.

02 다음 글은 갑 국가가 국민들을 다양한 사회적 위험으로부터 보호하기 위해 마련한 사회보험 제도에 관한 규정을 설명한 것이다. 〈보기〉의 A, B, C, D 각자가 부담해야 할 보험료의 크기가 바르게 나열된 것은? (다만, 여기서 사업주가 부담한 보험료는 개인이 부담한 보험료로 간주하지 않는다).

(가) 산업재해보상보험은 임금근로자만을 대상으로 하며 보험료는 사업주가 전액 부담하는 것이 원칙이다. 사업주가 부담하는 보험료는 적용사업장의 재해발생 위험에 따라 보험료율을 구분하여 적용하기 때문에 사업장에서 근로한 근로자들의 1년간 임금총액의 합에 최저 0.5%에서 최고 6%까지 부과하며, 평균 보험료율은 2%이다. 자영업자의 경우는 이 제도의 적용을 받지 아니한다.

(나) 국민연금 보험료 부담원칙은 개인의 1년간 임금총액의 10%이며, 임금근로자의 경우는 근로자와 사업주가 절반씩 부담하나 자영업자의 경우는 개인이 전액을 부담한다.

(다) 고용보험은 자영업자를 제외한 임금근로자만을 대상으로 하며, 보험료는 기본적으로 근로자와 사업주가 절반씩 부담하지만 근로자는 실업급여를 위한 부분만 부담하고, 고용주는 실업급여 뿐만 아니라 고용안정사업과 직업능력개발사업을 위한 비용까지 부담한다. 실업급여를 위한 보험료는 근로자의 경우 자신의 1년간 임금총액의 0.5%를, 사업주의 경우는 근로자들의 1년간 임금총액 합의 0.5%를 납부하여야 한다. 그리고 고용안정사업과 직업능력개발 사업의 경우는 사업장 규모에 따라 보험료율의 차등을 두고 있는데, 300인 이상 사업장의 경우는 임금총액의 1%를 보험료로 납부하나 300인 미만 사업장의 경우는 0.5%만을 보험료로 납부한다.

(라) 건강보험 보험료는 개인의 1년간 임금총액의 3%이며 근로자의 경우는 사업주와 근로자가 절반씩 부담하나 자영업자의 경우는 개인이 전액 부담한다.

─| 보기 |─

ㄱ. 연평균 소득이 2,000만원이며, 커피숍을 운영하고 있는 자영업자 A의 4대 사회보험료
ㄴ. 연평균 소득이 3,000만원이며, 500인이 넘는 근로자를 고용하고 있는 사업장의 생산직 근로자인 B의 국민연금보험료
ㄷ. 연평균 소득이 2,000만원이며, 50명의 근로자를 고용하고 있는 사업장의 생산직 근로자인 C의 4대 사회보험료
ㄹ. 연평균 소득이 4,000만원이며, 식당을 운영하고 있는 자영업자 D의 국민연금을 제외한 사회보험료

① ㄱ < ㄴ < ㄷ < ㄹ
② ㄴ < ㄷ < ㄹ < ㄱ
③ ㄹ < ㄱ < ㄴ < ㄷ
④ ㄹ < ㄷ < ㄴ < ㄱ

03 다음 글과 〈A여행사 해외여행 상품〉을 근거로 판단할 때, 시한이 선택할 여행지는?

> 한나 : 다음 달 셋째 주에 연휴던데, 그때 여행갈 계획 있어?
>
> 시한 : 응, 이번에는 꼭 가야지. 월요일, 수요일, 금요일이 공휴일이잖아. 그래서 우리 회사에서는 화요일과 목요일에만 연가를 쓰면 앞뒤 주말 포함해서 최대 9일 연휴가 되더라고. 그런데 난 연가가 하루밖에 남지 않아서 그렇게 길게는 안 돼. 그래도 이번엔 꼭 해외여행을 갈 거야.
>
> 한나 : 어디로 갈 생각이야?
>
> 시한 : 나는 어디로 가든 상관없는데 여행지에 도착할 때까지 비행기를 오래 타면 너무 힘들더라고. 그래서 편도 총비행시간이 8시간 이내면서 직항 노선이 있는 곳으로 가려고.
>
> 한나 : 여행기간은 어느 정도로 할 거야?
>
> 시한 : 남은 연가를 잘 활용해서 주어진 기간 내에서 최대한 길게 다녀오려고 해. A여행사 해외여행 상품 중에 하나를 정해서 다녀올 거야.

〈A여행사 해외여행 상품〉

여행지	여행기간 (한국시각 기준)	총비행시간 (편도)	비행기 환승 여부
두바이	4박 5일	8시간	직항
모스크바	6박 8일	8시간	직항
방콕	4박 5일	7시간	1회 환승
홍콩	3박 4일	5시간	직항
뉴욕	4박 5일	14시간	직항

① 두바이   ② 모스크바   ③ 방콕   ④ 홍콩

[4~6] 다음 〈조건〉에 따라 판단할 때 옳지 않은 것은?

---| 조건 |---

○ 프로젝트는 A부터 E까지의 작업만으로 구성되며, 모든 작업은 동일 작업장 내에서 행해진다.

○ A작업은 4명의 인원과 9일의 기간이 소요된다.

○ B작업은 2명의 인원과 18일의 기간이 소요되며, A작업이 완료된 이후에 시작할 수 있다.

○ C작업은 4명의 인원과 50일의 기간이 소요된다.

○ D작업과 E작업은 각 작업당 2명의 인원과 18일씩의 기간이 소요되며, D작업이 완료된 이후에 E작업을 시작할 수 있다.

○ 각 인력은 A부터 E까지 모든 작업에 동원될 수 있으며, 각 작업에 투입된 인력의 생산성은 동일하다.

○ 프로젝트에 소요되는 비용은 1인당 1일 10만 원의 인건비와 하루 50만 원의 작업장 사용료로 구성된다.

○ 각 작업의 소요인원은 증원 또는 감원될 수 없다.

---

04 위 〈조건〉에 따라 판단할 때, 옳은 것끼리 〈보기〉에서 골라 짝지은 것은?

---| 보기 |---

ㄱ. 프로젝트 완료에 소요되는 최소인력은 4명이다.

ㄴ. 프로젝트 완료에 소요되는 최단기간은 50일이다.

ㄷ. 프로젝트의 최단기간 완료에 소요되는 최소인력은 10명이다.

---

① ㄱ, ㄴ   ② ㄱ, ㄷ   ③ ㄴ, ㄷ   ④ ㄱ, ㄴ, ㄷ

05 프로젝트 완료에 소요되는 최소비용은?

① 3,120만 원   ② 3,240만 원   ③ 4,200만 원   ④ 5,600만 원

06 프로젝트를 최소인력으로 완료하려고 한다. 이 때 최단기간은?

① 80일   ② 90일   ③ 95일   ④ 102일

07 다음의 〈표〉는 직원 갑의 교육훈련 이수현황을 나타낸 것이다. 〈직원 평정규칙〉에 의하여 2016년 2월 22일 현재 갑의 교육훈련 평정점수를 계산하면?

〈표〉 공무원 갑의 교육훈련 이수현황

구분	교육과정명	교육이수일자	이수당시직급	성적평가점수 (100점 만점)	평정점수
공통	성과관리과정	2015. 3. 11	6급	90	( )
공통	조직관리과정	2013. 1. 18	6급	80	( )
선택	홍보실무과정	2013. 12. 25	6급	88	5
선택	리더십양성과정	2012. 6. 8	6급	55	5
선택	창의적 사고혁신과정	2012. 1. 21	6급	65	4
선택	영어훈련과정	2010. 5. 20	6급	80	4
선택	EXCEL활용과정	2006. 7. 3	7급	75	3

〈공무원 평정규칙〉

○ 평정대상이 되는 교육과정은 공통전문교육과 선택전문 교육으로 구분하며, 교육훈련 평정점수는 각 교육과정의 평정점수를 합하여 계산한다.

○ 성적평가 점수가 만점의 6할 미만인 경우에는 평정대상에서 제외한다.

○ 공통전문교육은 성적평가점수를 1개 과정당 5점 만점으로 환산한 점수를 평정점수로 부여하고, 선택전문교육 과정은 교육을 이수하면 정해진 평정점수를 부여한다.

○ 공통전문교육은 이수당시의 계급 내에서 유효하나, 선택전문교육은 교육이수일로부터 5년이 경과하면 그 평정점수를 인정하지 아니한다.

① 17.5　　　　　② 22.5　　　　　③ 24.5　　　　　④ 26.5

08 다음 〈그림〉과 〈조건〉을 이용하여 도시 사이의 통행량이 가장 많을 것으로 예측되는 구간을 고르면?

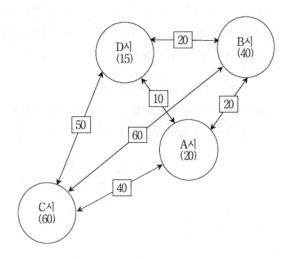

〈그림〉 각 도시의 인구수 및 도시 간 거리

(단위 : 만명, km)

※ 1) 괄호 안은 해당 도시의 인구수, 네모 안은 도시 간 최단거리를 나타냄.
  2) 두 도시 간 이동 시 다른 도시를 경유하는 경우는 없음.

─| 조건 |─

○ 도시 1과 도시 2 사이의 통행량 예측치

$$= K(도시\ 1 \leftrightarrow 도시\ 2) \times \frac{도시\ 1의\ 인구수\ \times\ 도시\ 2의\ 인구수}{도시\ 1과\ 도시\ 2간\ 최단거리}$$

○ K(도시 1↔도시 2)는 도시 1과 도시 2 사이의 교통효율성 지수이다.
  – K(B↔C)는 1이다.
  – K(A↔D)는 K(A↔B)보다 0.5만큼 더 크다.
  – K(A↔C)는 K(A↔B)의 2배이고, K(C↔D)와는 같다.
  – K(B↔C)는 K(B↔D)의 2배이고, K(C↔D)는 K(B↔D)의 6배이다.

① A↔B   ② A↔C   ③ B↔C   ④ B↔D

[9~10] 다음 제시문을 읽고 물음에 답하시오.

조류독감은 그 자체로 조류에 대한 전염성이나 치사율 때문에 매우 위험하고 그 경제적 손실도 크다. 또한 최근에는 조류독감이 인체에 전염될 가능성이 있어서 더욱 더 위험하다.

조류독감 관련업무의 처리에 필요한 모든 정보를 가진 A담당자는 전염성을 고려하여 4단계의 경계시스템을 발동시킨다. 국민건강을 위해서는 즉각적이고 신속한 경계발동이 필요하지만, 경계시스템 발동은 국가경제에 직접적으로 부정적인 영향을 미친다. 조류독감의 특성과 경계시스템 발동기준은 다음과 같다.

〈조류독감의 특성〉

○ 조류독감의 전염성 : 감염조류 발생 시 일주일 이내에 반경 100km 이내 조류 중 약 20%가 감염된다.
○ 조류독감의 인체감염 위험성 : 반경 10km 이내 감염 조류 200마리 당 인체감염자 1명이 발생한다.(현재까지 인체 간 전염은 불가능하다.)

〈경계 시스템〉

1단계 경계 : 1마리 이상의 감염조류가 발생하는 경우 무조건 발동
2단계 경계 : 20마리 이상의 감염조류가 발생하고 확산이 우려될 때 발동
3단계 경계 : 300마리 이상의 감염조류가 발생하고 확산 우려가 있으며 1명 이상의 인체감염자가 발생하는 경우 무조건 발동
4단계 경계 : 10명 이상의 인체감염자가 발생하는 경우 무조건 발동

---

09 다음 중 A담당자가 내릴 수 있는 의사결정으로 옳은 것은?

① 200마리의 감염조류가 한 농가에서 발견되었다면 3단계 경계를 발동한다.
② 21마리의 감염조류가 발생하였으나 확산이 우려되지 않아 1단계 경계를 발동한다.
③ 350마리의 감염조류가 전국적으로 골고루 발견되었다면, 무조건 3단계 경계를 발동한다.
④ 감염조류가 발견된 경우에도 국가경제에 미치는 파급효과를 고려하여 1단계 경계를 발동하지 않는다.

10 경계발동 단계에 따른 경제적 손실이 다음과 같을 때 옳지 않은 것은? (단, 각 단계의 손실액은 직전 단계의 손실을 포함하며 경계발동으로 인한 손실 이외의 경제적 손실은 없다.)

〈경제적 손실〉

1단계 경계발동 : 가축농가에서 약 200억 원 손실

2단계 경계발동 : 관련 산업에서 약 1,000억 원 손실

3단계 경계발동 : 수출을 포함한 약 2조 원의 손실

4단계 경계발동 : 전체 국가경제에서 20조 원 이상의 손실

---

① 감염조류 19마리의 증가만으로도 약 800억 원의 추가손실이 발생할 수 있다.

② 인체감염자가 발견되지 않더라도 관련 산업에서 약 1,000억 원의 손실이 발생할 수 있다

③ 조류독감으로 인한 국가경제 손실액이 2조 원에 달한다는 사실은 감염조류의 숫자가 300마리 이상이라는 것을 의미한다.

④ 2조 원 이상의 경제적 손실이 수반되는 조치를 취하기 위하여 국무회의의 의결이 요구되는 경우, 감염환자가 1명만 발생하여도 그에 대한 조치는 국무회의에서 의결되어야 한다.

[11~13] 다음에 제시된 〈표〉는 주민을 위한 건강보험공단에서 새롭게 건립하는 연구소의 후보지에 대한 평가기준, 평가기준 중요도, 평가기준별 최저기준 및 각 후보지에 대한 기준별 평가점수를 나타낸 것이다. 〈표〉 아래 제시된 글은 대안들에 대한 평가 및 선택에 사용되는 의사결정 규칙에 관한 설명이다.

〈표〉

평가 기준	평가 기준 중요도	평가 기준별 최저기준	각 후보지에 대한 기준별 평가점수			
			A 후보지	B 후보지	C 후보지	D 후보지
접근성	0.5	9	9	8	8	9
주민 수	0.3	8	8	10	7	9
자치단체 재정 지원 금액	0.2	7	7	8	6	6

주 : 평가기준별 최저기준 및 기준별 평가점수는 0~10점으로 평가한 것임.

의사결정 규칙은 크게 보완적 방식과 비보완적 방식으로 구분될 수 있다. 보완적 방식은 특정 평가기준에서 낮은 점수를 받았다고 하더라도 다른 기준에서 높은 점수를 얻어 보상 될 수 있는데 비하여, 비보완적 방식에서는 특정 평가기준에서의 낮은 점수는 다른 기준에서의 높은 점수로 보상받지 못한다. 비보완적 방식에는 결합방식, 분리방식, 사전편찬방식, 연속제거방식 등이 있다.

(가) 보완적 방식은 각 대안별로 전체적 평가를 내리기 위하여 각 기준별 평가점수를 중요도에 따라 가중평균하여 구한 점수에 따라 결정되며 다음의 식으로 표시할 수 있다.

$$U(i) = \sum (b_{ij} \times w_j)$$

　　　　i = 대안 i
　　　　j = 평가기준 j
　　　　$U(i)$ = 대안의 전체적 평가점수
　　　　b_{ij} = 대안 i의 평가기준 j에 대한 평가점수
　　　　w_j = 평가기준 j에 대한 가중치(중요도)

(나) 결합방식은 평가기준별로 각각 최저기준을 정하고 모든 평가기준에서 최저기준을 넘는 대안을 선택하는 방식이다. 즉, 각 기준별로 받아들일 수 있는 최저기준을 정하고 어느 한 선택기준이라도 이 수준에 미달하는 경우 그 대안은 제외시키는 방식이다.

(다) 분리방식은 평가기준별로 각각 최저기준을 정하고 각 대안이 한 가지 평가기준에서라도 최저기준을 넘게 되면 선택하는 방식이다.

(라) 사전편찬방식은 모든 대안을 가장 중요한 평가기준부터 비교하여 가장 중요한 평가기준에서 가장 높은 값을 가진 대안을 선택하는 방식이다. 가장 중요한 평가기준에서 두 개 이상의 대안이 가장 높은 값으로 정확히 같을 경우에만 나머지 대안들을 탈락시킨 후에 두 번째로 중요한 평가기준으로 넘어가고 두 번째 기준에서 가장 높은 평가치를 가진 대안을 선택하게 된다.

(마) 연속제거방식은 사전편찬방식과 유사하지만, 각 평가기준에 최저기준을 두고 있다는 점에서 차이가 나는 방식이다. 이 방식에 의하면 의사결정자는 가장 중요한 평가기준과 이에 대한 최저기준을 결정하고 각 대안이 조건에 맞는지를 살펴본다. 사전편찬방식에서는 각 기준에서 가장 높은 평가를 받은 대안을 선택하는데 비해, 연속제거방식에서는 각 기준에서 최저기준 미만의 대안을 탈락시키는 것이다.

11 보완적 방식에 의해서 선정되는 후보지는?

① A   ② B   ③ C   ④ D

12 사전편찬 방식에 의해서 선정되는 후보지는?

① A   ② B   ③ C   ④ D

13 제시된 자료들을 바탕으로 하여 판단할 때, 바르게 서술된 것은?

① 분리방식은 모든 평가기준에서 큰 약점이 없는 대안만을 추출하고자 할 때 유용한 의사결정규칙이다.
② A 후보지는 비보완적 방식으로 평가할 때, 연속제거 방식을 제외한 나머지 방식에서 모두 선택된다.
③ 분리방식에 의하면 A, B 후보지가 선택된다.
④ 위의 어떠한 의사결정 규칙으로도 선택되지 못하는 곳은 C 후보지이다.

14 다음 글을 읽고 판단했을 때 〈보기〉에 제시된 A, B, C, D 사회에 대한 설명 중 올바른 것을 고르면?

> 메리 더글러스는 사회의 비교문화적 탐구를 위해 두 가지 개념틀, 즉 집단성(group)과 행동준칙(grid)을 제안하였다. 집단성은 제한된 사회적 단위의 영향력을 의미하며, 집단이 구성원에게 요구하는 의무, 구성원의 범주를 정하는 경계, 그들이 집단의 이름을 사용하고 보호를 누릴 권리 등에 의해 정의된다. 강한 집단성을 갖는 사회에서 개인의 행위는 집단의 이름으로 통제되며, 약한 집단성의 사회에서 집단의 존재는 미약하고 개인과 집단과의 연계 역시 강하지 않다. 행동준칙은 상호작용 과정에서 개인이 따라야 하는 규칙을 뜻한다. 강한 쪽에는 일상적 상호작용 및 사회적 역할과 관련된 뚜렷한 규칙이 존재하며, 약한 쪽에는 이러한 규칙이 거의 존재하지 않는다. 집단성과 행동준칙의 강약에 따라 구분할 수 있는 사회의 유형을 도식화하면 다음과 같다.

구분		집단성	
		약	강
행동준칙	강	B	C
	약	A	D

| 보기 |

ㄱ. C 사회와 비교할 때 D 사회는 명확하고 공식화된 내적분업 체계를 가질 가능성이 높다.
ㄴ. D 사회와 비교할 때 A 사회에서는 혁신자들이 대접받고, 경제적 활동이 특화될 가능성이 높다.
ㄷ. A 사회와 비교할 때 C 사회에서는 사회적 지위가 귀속신분에 기초하기보다는 흥정의 대상이 될 가능성이 높다.
ㄹ. B 사회와 비교할 때 C 사회에서는 거주, 직업, 공유된 자원, 결혼, 가족 등 다양한 삶의 측면이 공동의 단위 안에서 수행될 가능성이 높다.

[15~16] A 건강검진센터는 최근 검진자들이 늘어 주차장 확보에 애를 먹고 있다. 검진자들이 주차 요금이 비싸다고 항의가 많자, 주차요금 체계를 개선해서 주차 문제에 효율적으로 대처하기로 한 A 건강검진센터는 다음과 같은 주차 요금안을 내 놓았다. 다음을 보고 물음에 답하시오.

요금 종류	기본료	추가요금	추가요금 적용기준
A	1시간까지 5,000원	30분당 3,000원	기본시간을 초과하면 분당으로 비례해서 적용
B	2시간까지 6,000원	30분당 6,000원	

> 처음에 주차를 하는 경우 자신이 A, B 두 종류 중 하나의 요금 체계를 임의적으로 선택할 수 있다.

15 들어간 돈에 비해 가장 효과적으로 사용하기 위해서는 몇 분이 가장 좋을까?

① 60분 ② 120분 ③ 150분 ④ 180분

16 위 조건에 대해 판단한 것 중에서 적절한 것은?

① 1시간 30분 정도 주차할 것을 예상한다면 A 요금제가 유리하다.
② 주머니에 10,000원이 있다면 2시간 이내에 나와야 한다.
③ 3시간 정도를 사용하면 B 요금제가 유리하다.
④ A 요금제를 택하거나 B 요금제를 택하거나 요금이 똑같은 사용 시간이 하나 존재한다.

[17~18] 현행 법규상 사람의 혈중 알코올 농도가 0.05% 이상이 되면 정상적인 활동을 하기 어려운 상태로 규정하고 운전을 금하고 있다. 53kg의 몸무게를 가진 A씨는 회식 때 알코올 농도 20%의 소주 4잔 (200ml)을 마셨다. 다음을 보고 물음에 답하시오.

> 알코올은 간에서 90~98%가 분해되는데, 간이 시간당 처리할 수 있는 알코올의 양은 체중 1kg당 0.1~0.15g 정도이다. 사람에 따라 술을 분해하는 효소의 양이 다르게 분비되므로 자신의 체질을 알고 항상 조심스럽게 술을 대해야 한다. 지나친 음주는 소화계의 각종 질병을 유발할 뿐만 아니라, 신경계통에도 영향을 미쳐 정상적인 운동이 힘들며 심하면 알코올 중독에 의한 정서장애, 치매 등을 유발하기도 한다. 혈중 알코올 농도는 위드마크 공식 (주류의 알코올 농도(%) × 마신양(ml) × 0.8)/(0.6 × 체중(kg) × 1,000)을 이용하여 쉽게 계산할 수 있다. (단, 알코올의 밀도는 0.8 정도로서 20ml의 알코올은 16g으로 환산된다.)

17 A씨의 혈중 알코올 농도는?

① 0.05 % (ml/kg)　　　② 0.1 % (ml/kg)　　　③ 0.15 % (ml/kg)　　　④ 0.2 % (ml/kg)

18 A씨에 대한 다음의 판단 중 적절한 것은?

─| 판단 |─

ㄱ. 황정음이 다시 운전을 하기 위해 몸에서 분해해야 하는 알코올의 양은 32g이다.

ㄴ. 황정음이 다시 운전을 하기 위해서는 3시간은 반드시 있어야 한다.

① ㄱ과 ㄴ은 둘 다 맞다.　　　　　　② ㄱ은 맞고, ㄴ은 틀리다

③ ㄱ은 틀리고, ㄴ은 맞다.　　　　　④ ㄱ과 ㄴ은 둘 다 틀리다.

19 다음은 건강보험공단의 팀별 성과급 지급 기준이다. Y팀의 성과평가 결과가 〈보기〉와 같다면 지급되는 성과급의 1년 총액은?

[성과급 지급 방법]

가. 성과급 지급은 성과평가 결과와 연계함.

나. 성과평가는 유용성, 안정성, 서비스 만족도의 총합으로 평가함. 단, 유용성, 안정성, 서비스 만족도의 가중치를 각각 0.4, 0.4, 0.2로 부여함.

다. 성과평가 결과를 활용한 성과급 지급 기준

성과평가 점수	성과평가 등급	분기별 성과급 지급액	비고
9.0 이상	A	100만원	성과평가 등급이 A이면 직전분기 차감액의 50%를 가산하여 지급
8.0 이상 9.0 미만	B	90만원(10만원 차감)	
7.0 이상 8.0 미만	C	80만원(20만원 차감)	
7.0 미만	D	40만원(60만원 차감)	

─| 보기 |─

구분	1/4분기	2/4분기	3/4분기	4/4분기
유용성	8	8	10	8
안전성	8	6	8	8
서비스 만족도	6	8	10	8

① 350만원　　　　② 360만원　　　　③ 370만원　　　　④ 380만원

20 NSS 요원인 현준은 대립관계에 있는 나라의 요인(要人)의 방에서 비밀문서를 빼오라는 지령을 받았다. 시내 H 호텔에 요인이 있다는 정보를 입수한 현준은, 이 요인의 방을 비밀에 부치기 위해서 관계자들만 알아 볼 수 있게 된 다음과 같은 〈정보〉를 입수했다. 이 〈정보〉를 보고 요인의 방을 찾으려 한다. 요인이 묵고 있는 방은 숫자 몇으로 표기되어 있는가?

호텔방 배치도																
1	2	1	3	2	1	5	2	4	2	3	6	3	4	3	1	6

┤ 정보 ├

㉠ 유일한 숫자를 가진 방에서 시작할 것

㉡ 기준이 되는 방에서 왼쪽으로 3칸을 이동한 뒤 그곳이 3의 배수이면 오른쪽으로 두 칸, 3의 배수가 아니면 왼쪽으로 두 칸 이동

㉢ ㉡의 지시에 따라 도착한 곳이 2의 배수이면 오른쪽으로 5칸, 2의 배수가 아니면 왼쪽으로 5칸 이동

㉣ ㉢의 지시에 따라 이동한 곳이 3의 배수라면 왼쪽으로 2칸, 3의 배수가 아니라면 오른쪽으로 6칸 이동

㉤ ㉣의 지시에 따라 도착한 곳이 한번이라도 왔었던 곳이라면 오른쪽으로 두 칸, 한 번도 오지 못했던 곳이라면 왼쪽으로 두 칸 이동

① 1 　　　　② 2 　　　　③ 3 　　　　④ 4

건강보험공단 NCS 직업기초능력평가
제 1 회 최종 모의고사

이름

응시번호

①	①	①	①	①	①
②	②	②	②	②	②
③	③	③	③	③	③
④	④	④	④	④	④
⑤	⑤	⑤	⑤	⑤	⑤
⑥	⑥	⑥	⑥	⑥	⑥
⑦	⑦	⑦	⑦	⑦	⑦
⑧	⑧	⑧	⑧	⑧	⑧
⑨	⑨	⑨	⑨	⑨	⑨
⓪	⓪	⓪	⓪	⓪	⓪

1교시 의사소통능력

번호	답안
01	① ② ③ ④
02	① ② ③ ④
03	① ② ③ ④
04	① ② ③ ④
05	① ② ③ ④
06	① ② ③ ④
07	① ② ③ ④
08	① ② ③ ④
09	① ② ③ ④
10	① ② ③ ④
11	① ② ③ ④
12	① ② ③ ④
13	① ② ③ ④
14	① ② ③ ④
15	① ② ③ ④
16	① ② ③ ④
17	① ② ③ ④
18	① ② ③ ④
19	① ② ③ ④
20	① ② ③ ④

2교시 수리능력

번호	답안
01	① ② ③ ④
02	① ② ③ ④
03	① ② ③ ④
04	① ② ③ ④
05	① ② ③ ④
06	① ② ③ ④
07	① ② ③ ④
08	① ② ③ ④
09	① ② ③ ④
10	① ② ③ ④
11	① ② ③ ④
12	① ② ③ ④
13	① ② ③ ④
14	① ② ③ ④
15	① ② ③ ④
16	① ② ③ ④
17	① ② ③ ④
18	① ② ③ ④
19	① ② ③ ④
20	① ② ③ ④

3교시 문제해결능력

번호	답안
01	① ② ③ ④
02	① ② ③ ④
03	① ② ③ ④
04	① ② ③ ④
05	① ② ③ ④
06	① ② ③ ④
07	① ② ③ ④
08	① ② ③ ④
09	① ② ③ ④
10	① ② ③ ④
11	① ② ③ ④
12	① ② ③ ④
13	① ② ③ ④
14	① ② ③ ④
15	① ② ③ ④
16	① ② ③ ④
17	① ② ③ ④
18	① ② ③ ④
19	① ② ③ ④
20	① ② ③ ④

건강보험공단

N C S
직 업 기 초
능 력 평 가

제 2 회 최종 모의고사

1교시 의사소통능력

01 다음 밑줄 친 말 중 맞춤법에 맞는 것끼리 짝지어진 것은?

| 보기 |

ㄱ. 변호사 일이 힘들어 <u>베겨</u> 내지 못하겠다.

ㄴ. 학생이라고 <u>맨날</u> 도서관에만 틀어박혀 있으라는 법이 있나요?

ㄷ. 내가 수습 때는 막대기로 맞고 그랬는데, 요즘은 그런 것도 없어.

ㄹ. 그 사람이 과장이 되는 것은 <u>떼논당상</u>이라는 말이 있던데요.

ㅁ. 내일 당번은 내가 <u>할께</u>. 어디 가서 놀다 와.

① ㄱ, ㄴ   ② ㄴ, ㄷ   ③ ㄷ, ㄹ   ④ ㄹ, ㅁ

02 다음 중 어법에 맞고 자연스러운 문장은?

① 미래의 인류의 문화가 물질문명이나 정신문화의 조화를 이루는 발전이 주축이 될 것이다.

② 우리 것을 내팽개치는 것이 아니라 오히려 우리 문화와 전통을 갈고 닦으면서 우물 안 개구리에서 벗어나 세계 속에 우뚝 서는 것이 세계화의 참뜻이다.

③ 과거 역사를 통하여 우리 민족에게는 저항적인 민족주의가 깊이 뿌리박고 있으나 이제는 한국인들이 외국 사람과의 섞임에 익숙하여 이웃으로 변해지도록 우리 스스로를 변화시켜야 한다.

④ 암이 일어나는 원인에는 발암성 바이러스에 의한 것 말고도, 세포가 유전적으로 비정상이어서 특수한 염색체의 일부분이 위치를 옮겨감으로써 일어나는 암도 있고, 돌연변이를 일으키는 발암 유전자로 인해 발생하는 암도 있다.

03 〈보기〉는 다음 글을 읽고 추리한 내용이다. 잘못된 것끼리 짝지어진 것은?

유스티니아누스 역병의 여러 단계를 재구성해 보자. 이 질병은 인도와 중국 사이의 히말라야에 사는 설치류 사이에서 수천 년 전에 시작되었다. 그것은 중국, 중동, 동아프리카, 북아프리카의 야생 설치류에게 퍼졌다. 그러나 이 병은 여전히 인간에게는 별 의미가 없었는데, 왜냐하면 사냥꾼이 감염된 동물을 죽인다든지 할 때에만 산발적으로 만났기 때문이다. 2,000년 전의 알려지지 않은 환경 변화(아마도 기후의 유동)는 설치류의 먹이 공급을 증가시켜 그 무리의 숫자를 폭발적으로 늘렸다. 당연히 페스트균 감염이 발생하였다. 이러한 감염은 그전에도 수없이 일어났지만, 이번에는 인도산 검은왕쥐를 끌어들인 인간의 정착지가 생겨났던 것이다. 이 끈질기고 적응력이 강한 동물은 초원에 사는 종이었는데, 훼손된 환경에서도 살아남았다. 이것들은 사람들의 헛간, 샛길, 선박에서 번성하였다.

검은 왕쥐는 감염된 야생 설치류와 사람 사이를 매개하였다. 그것들은 야생 설치류로부터 페스트균을 받아 자신들의 벼룩을 감염시켰다. 가장 흔한 쥐벼룩은 그 숙주만큼이나 끈질기고 기회에 강하다. 이 쥐벼룩은 늘 병든 쥐를 버리고 떠난다. 즉 쥐가 흑사병으로 죽으면 감염된 벼룩은 인간을 향해 자신의 길을 간다. 곧 사람들은 쥐와 마찬가지로 순식간에 비참하게 죽기 시작한다.

처음에 사람들은 흑사병을 서로 전염시키지 못했다. 그러나 곧 두 가지 요소가 이 질병을 증폭시켰다. 하나는 자연적인 것이고 하나는 인공적인 것이었는데, 바로 추운 기후와 선박이다. 추운 기후 때문에 페스트균은 림프선에서 폐로 옮겨갔고, 폐페스트는 기침을 통해 사람에서 사람으로 바로 전파될 수 있었다. 그리고 배는 흑사병에 감염된 쥐들을 더 멀리 더 널리 실어 날랐다. 잽싼 등반가인 이 검은 왕쥐는 배의 로프를 타고 오를 수 있었고, 그 결과 인도에서부터 동지중해와 동아프리카로 옮겨갔다. 이 쥐와 흑사병은 배를 타고 이집트로부터 콘스탄티노플에 상륙하였으며, 거기서 유럽의 항구들로 들어갔다. 흑사병은 또한 인도에서 동진하여 중국과 일본에 이르렀다.

학자들은 이 시나리오의 몇몇 사항들에 대해 논의 중이다. 어떤 이들은 선페스트가 아프리카 또는 아시아와 아프리카 양쪽에서 기원하였다고 주장한다. 또 어떤 이들은 그것이 아시아에서 발생했으며 실크로드를 따라 주로 육로를 통해 이집트로 들어왔다고 주장한다. 그럼에도 불구하고 위에서 이야기한 몇 가지 기본적인 가능성에 대해서는 대체적으로 합의가 이루어져 있다.

| 정보 |

㉠ 유스티니아누스의 역병의 기원은 아직도 밝혀지지 않았다.
㉡ 검은 왕쥐가 나타나기 전까지 인간은 전혀 흑사병에 노출된 적이 없다.
㉢ 당시 흑사병은 범세계적으로 뻗어나갔다.
㉣ 조류 독감도 언젠가는 인간에게 큰 해가 될지도 모른다.
㉤ 위생관념을 철저하게 해서 쥐를 제거하면서 유스티니아누스의 흑사병은 사그라들었다.

① ㉠, ㉤   ② ㉡, ㉤   ③ ㉡, ㉢   ④ ㉢, ㉣

04 다음 제시문에 근거하여 옳게 추론한 것은?

> 청소년기에 또래집단으로부터의 압력은 흡연의 대표적인 원인이다. 우리나라 청소년의 대부분이 친구의 권유를 통해 처음 담배를 접하게 된다는 통계결과가 이를 뒷받침한다. 청소년기의 흡연은 심각한 문제인데 한 통계에 따르면 우리나라 고등학생의 40%가 흡연을 경험하며 성인 흡연자의 대부분이 흡연을 시작한 시기가 청소년기라고 한다.
>
> 한편, 흡연행동과 그에 따른 니코틴 중독을 야기하는 유전적 원인에 초점이 모아지고 있다. 흡연에 관한 쌍둥이 연구자료, 유전자 조사기법 등을 종합한 연구에 의하면 흡연자와 비흡연자를 결정하는 중요한 원인 중 하나는 도파민이라는 신경전달물질을 생산하는 유전자와 관련이 있는 것으로 알려지고 있다. 도파민은 뇌의 쾌락중추를 자극하는 역할을 하는데 이 도파민이 많이 분비되는 유전자형을 가진 사람이 그렇지 않은 사람에 비해 흡연을 적게 한다는 증거가 있다

① 우리나라 성인흡연자의 40%는 청소년기에 흡연을 시작하였다.
② 폐암 발생률을 감소시키기 위하여 금연 교육프로그램을 개발하여야 한다.
③ 청소년의 흡연율을 낮추면 성인 흡연율도 장기적으로 낮아질 가능성이 높다.
④ 도파민 분비를 억제시키는 약물을 개발한다면 금연에 도움을 줄 수 있을 것이다.

05 다음 글에 근거할 때, 〈보기〉에서 옳게 추론한 것을 모두 고르면?

> 과거에는 질병의 '치료'를 중시하였으나 점차 질병의 '진단'을 중시하는 추세로 변화하고 있다. 조기진단을 통해 질병을 최대한 빠른 시점에 발견하고 이에 따른 명확한 치료책을 제시함으로써 뒤늦은 진단 및 오진으로 발생하는 사회적 비용을 최소화하고 질병 관리능력을 증대시키고 있다. 조기진단의 경제적 효과는 실로 엄청난데, 관련 기관의 보고서에 의하면 유방암 치료비는 말기진단 시 60,000~145,000 달러인데 비해 조기진단 시 10,000~15,000 달러로 현저한 차이를 보인다. 또한 조기진단과 치료로 인한 생존율 역시 말기진단의 경우에 비해 4배 이상 증가한 것으로 밝혀졌다.
>
> 현재 조기진단을 가능케 하는 진단영상기기로는 X-ray, CT, MRI 등이 널리 쓰이고 있으며, 이 중 1985년에 개발된 MRI가 가장 최신장비로 손꼽힌다. MRI는 다른 기기에 비해 연골과 근육, 척수, 혈관 속 물질, 뇌조직 등 체내 부드러운 조직의 미세한 차이를 구분하고 신체의 이상 유무를 밝히는 데 탁월하여 현존하는 진단기기 중에 가장 성능이 좋은 것으로 평가받고 있다. 이러한 특징으로 인해 MRI는 세포조직 내 유방암, 위암, 파킨슨병, 알츠하이머병, 다발성경화증 등의 뇌신경계 질환 진단에 많이 활용되고 있다.
>
> 전 세계적으로 MRI 관련 산업의 시장규모는 매년 약 42억~45억 달러씩 늘어나고 있다. 한국의 시장규모는 연간 8,000만~1억 달러씩 증가하고 있다. 현재 한국에는 약 800대의 MRI기기가 도입돼 있다. 이는 인구 백만 명 당 16대 꼴로 일본이나 미국에는 미치지 못하지만 유럽이나 기타 OECD 국가들에 뒤지지 않는 보급률이다.

─| 정보 |─

ㄱ. 질병의 조기진단은 경제적 측면 뿐만 아니라, 치료 효과 측면에서도 유리하다.

ㄴ. CT는 조기진단을 가능케 하는 진단영상기기로서, 체내 부드러운 조직의 미세한 차이를 구분하는 데 있어 다른 기기에 비해 더 탁월한 효과를 보여준다.

ㄷ. 한국의 MRI기기 보급률은 대부분의 OECD 국가들과 견줄 수 있는 정도이다.

ㄹ. 한국의 MRI 관련 산업 시장규모는 전 세계 시장규모의 3%를 상회하고 있다.

① ㄱ, ㄷ   ② ㄱ, ㄹ   ③ ㄴ, ㄷ   ④ ㄴ, ㄹ

06 다음 글쓴이의 관점에서 생산이 아닌 것은?

생산의 기준은 바로 부가가치(附加價值)에 달려있다. 즉, 어떤 행위든 그것이 부가가치를 창출해내면 생산이 되지만, 아무리 외형상으로 두드리고 조이고 기름칠을 하더라도 부가가치를 만들어내지 못하면 그것을 생산이라고 할 수 없는 것이다. 그러면 부가가치는 또 무엇인가?

부가가치(value-added)란 말 그대로 재화의 가치가 증가된 것을 말한다. 여기서 재화의 가치를 판단하는 기준은 시장의 가격이다. 따라서 어떤 행위로 인해 부가가치가 얼마나 창출되었는가를 알기 위해서는 특정 재화에 대해 생산행위 이전과 이후의 시장가격을 비교하면 된다. 다시 말해 부가가치는 원재료의 구매가격과 생산품의 판매가격의 차이로 나타난다. 예를 들어, 통닭집 주인이 생 닭 한 마리를 2,000원에 구입하여 기름에 튀기고 양념을 묻힌 다음 5,000원에 팔았다면, 이 때 통닭집 주인이 창출한 부가가치는 3,000원이 되는 것이다. 이처럼 부가가치의 계산에 있어 결정적인 것은 바로 시장가격이다.

그런데 시장가격의 결정에 가장 중요한 것은 바로 수요이고, 수요는 다시 소비자들의 선호에 의하여 결정된다는 것을 상기한다면, 생산이라는 것은 결국 수요와 대응되거나, 또는 별개의 개념이 아니라 수요를 결정하는 소비자들의 선호에 의하여 좌우되는 것임을 알 수 있다. 소비자들이 많이 선호하는 재화는 높은 부가가치를 올릴 수 있는 반면, 소비자에게 외면당하는 제품에서는 부가가치가 나타날 수 없는 것이다. 이렇게 볼 때, 시대와 장소에 따라 소비자들의 선호가 변하게 되면 그에 따라 생산의 기준과 범주 역시 달라질 수밖에 없다.

① 건설 현장에서 일당을 받고 일하는 행위
② 전시회에서 팔 그림을 그리기 위해 밤을 새서 작업하는 화가
③ 자신의 아이에게 줄 노래를 만드는 작곡가
④ 폐지를 주워서 고물상에 갖다 파는 행위

07 다음은 사회분야 관련 정책담당자들이 사회 및 경제에 대해 갖고 있는 생각을 적은 것이다. 이러한 생각에 기초하여 선택할 수 있는 사회정책의 방향을 맞게 서술한 것은?

A : 중요한 것은 '보이지 않는 손'이야. 그것만이 자본주의를 발전시킬 수 있어. 효율적인 시장체계를 유지·발전 시켜 나가는 것이 국가가 해야 할 일이지. 그러한 국가발전과정에서 생겨나는 불평등은 개개인으로 하여금 끊임없는 자발적 노력을 북돋우는 역할을 하지. 평등을 앞세워 상이한 직업에 부가 되는 상이한 사회적 평가를 무시한다면 근로의욕은 떨어질 것이고 또 평등을 이루기 위해 국가가 강제적으로 개입하면 이는 개인의 자유에 대한 침해가 아니고 뭐겠어?

B : 그렇다고 일반적으로 볼 때 자본주의 자체가 완벽하게 효율적으로 작동된다고 말할 순 없잖아? 소극적 자유, 개인주의, 불평등 등의 이념이 갖는 나름대로의 역할은 인정하지만 한편으로는 자본주의의 효율적이고 공평한 운용을 위해서 적절한 규제와 통제가 필요하지 않겠어? 물론 정부의 역할을 긍정한다고 해서 무제한적이거나 만능적인 국가역할을 생각하진 않아. 필요할 때는 개입하는 것이 필요하다는 거지. 사회악을 제거하거나 사회적 균형을 유지하기 위해서 말이야.

C : 한 번 생각해 봐. 중요한 게 뭐겠어? 동 시대를 살아가면서 어느 누구는 가난하고 싶어서 가난하겠어? 가난의 대물림, 산업구조 변화 등 자본주의 자체가 갖는 역동성 때문에, 그리고 구조적 모순 때문에 생겨나는 여러 사회문제에 대해 뒷짐지거나 소극적으로 대응해서 뭐가 달라지느냐고? 자본주의 경제는 근본적으로 시장실패에 직면할 수밖에 없잖아. 이에 대해 국가가, 정부가 사회적 위험에 대해 공동 대응해야 하는 거 아냐? 내가 볼 때는 시장체계의 정의롭지 못한 분배를 시정하는 것이 국가 역할이라는 거지. 그래서 과도한 불평등은 시정하고 적극적인 자유와 우애의 이념을 실현하는 것이 목표가 되어야 한다는 거지.

D : 듣고 보니 각자의 입장에 일리가 없는 것은 아니야. 하지만 우리가 보다 눈여겨봐야 할 것은 무한경쟁과 탈규제화라는 세계화의 추세가 우리를 지배하고 있다는 거지. 복지국가가 팽창기에 있었던 70년대 초반, 그 이후 오일쇼크에 따른 복지국가 위기론이 등장했던 70년대 중반을 거치면서 지속 가능한 경제성장과 부담가능한 복지수준에 대한 균형감각을 가지는 것이 무엇보다 중요하게 된 거야. 경제성장에 사회복지가 기여할 수 있어야 하는 거지. 그리고 앞으로는 사람이 소중한 시대가 올 것이기 때문에 인적자본의 역량을 강화하기 위한 제반 정책이 보다 중요하게 되었다고 봐. 영국의 블레어정부에서 '교육, 교육, 교육'이 그 슬로건으로 등장한 것이 이를 말해주는 거지.

---

① A : 최근 우리 사회가 직면한 저출산·고령화 추세에 대비하기 위해 임금피크제를 도입하는 한편 정년을 연장해서 노동시장 내에 남아 있을 수 있는 기간을 연장하여 총생산성을 높이도록 하고 아동수당을 소득정도에 따라 차등적으로 지급하여 미래노동 공급력을 확충하는 전략을 구사해야 한다.

② B : 사회복지, 교육, 고용 관련 재정지출을 확대하여 현재 7%대에 머물고 있는 GDP대비 사회재정지출을 OECD 평균수준인 25%로 끌어올려야 한다. 그러기 위해서는 기본적인 소득보장정책의 기초 위에 욕구에 따른 대응이라고 할 수 있는 사회서비스에 대한 예산지출을 확대하여 장기적으로는 스웨덴을 비롯한 북유럽방식의 복지정책 패러다임을 채택하여야 한다.

③ C : 사회복지의 총량을 극대화하기 위해서는 민간의 자발적인 참여가 불가피하다. 정부가 시장의 활성화를 통해 정부실패가 일어나는 부문에 대해서는 적극적인 민영화와 규제완화를 통해 민간의 역동성을 최대한 끌어내기 위한 정책적 대안을 모색해야 한다.

④ D : 고용 없는 성장이 수반하는 문제점을 해결하기 위해 사회서비스 일자리를 국가가 확충하고 직업훈련, 평생교육을 통해 노동생산성을 향상시켜야 한다.

08 제시문을 읽고 〈그림〉에 표시된 사촌의 종류를 바르게 나열한 것은?

　　결혼 배우자를 구하는 방식 중 지정혼이란 혼인의 상대를 특정한 범위의 사람으로 정하여 의무적으로 혼인하는 것을 말한다. 지정혼은 특히 사촌간(四寸間)의 혼인을 지정하는 것인데, 어떤 범위의 사촌을 형제자매와 마찬가지로 금혼의 범위에 넣고 어떤 범위의 사촌을 지정혼의 대상으로 규정할지는 사회에 따라 차이가 있다. 혼인을 연구하는 학자들은 사촌을 다음과 같이 넷으로 분류한다. 즉, 자기를 중심으로 부모세대에서 남녀의 성(性)이 같은 편의 자녀를 평행사촌이라 한다. 이와는 달리 아버지의 자매의 자녀와 어머니의 형제의 자녀와 같이 부모세대에서 성이 다른 관계의 자녀를 교차사촌이라 한다. 평행사촌도 교차사촌과 같이 아버지쪽으로 맺어진 사촌을 일컫는 부변이 있으며, 어머니쪽으로 맺어진 사촌을 일컫는 모변이 있다. 이들을 모두 합하면 부변평행사촌, 부변교차사촌, 모변평행사촌, 모변교차사촌 등 네 부류의 사촌으로 구분될 수 있다.

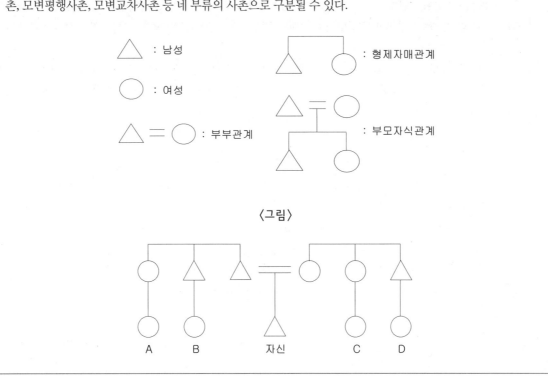

〈그림〉

	A	B	C	D
①	부변교차사촌	부변교차사촌	모변교차사촌	모변교차사촌
②	부변평행사촌	부변평행사촌	모변교차사촌	모변평행사촌
③	부변교차사촌	부변평행사촌	모변평행사촌	모변교차사촌
④	모변평행사촌	부변교차사촌	모변평행사촌	부변교차사촌

09 다음 제시문을 읽고 바르게 추론한 것만을 〈보기〉에서 모두 고르면?

A연구원은 B국가에서 시대별로 인간을 사망에 이르게 한 치명적인 질병에 대해 조사했다. 조사결과는 다음과 같았다.

19세기 초부터 말까지는 결핵이 가장 치명적인 질병이었다. 결핵에 걸린 환자의 70%가 사망했다. 그 다음을 폐렴이 뒤따랐는데 폐렴 환자의 50%가 사망에 이르렀다. 그 뒤를 이어 장티푸스, 심장질환, 신장염이 치명적인 질병인 것으로 나타났다. 20세기에 들어서는 그동안 10위권 밖에 있던 암이 가장 치명적인 질병으로 나타나 암 환자의 70%가 사망에 이르렀다. 그 다음으로는 에이즈가 치명적인 것으로 나타났는데 에이즈 환자의 65%가 사망했다. 한편 20세기에는 질병으로 인한 사망과 함께 교통사고로 인한 사망이 크게 늘어나 인간의 사망요인 가운데 큰 비중을 차지했다. 그런데 이 시기에는 19세기에 치명적인 질병 5위권 안에 들었던 결핵, 폐렴, 장티푸스가 20위권 밖으로 밀려나고, 심장질환, 신장염이 순서대로 암과 에이즈의 뒤를 잇게 되었다. 이러한 순위는 21세기에 들어서도 변함이 없다.

A연구원은 22세기에 접어들면 B국가에서는 과학기술과 의학의 발달로 사망에 이르게 하는 치명적인 질병을 찾는 것 자체가 불가능해지며, 다만 삶의 질 측면에서 질병의 발생 시점이 생의 어느 시기인가만이 관심의 대상이 될 것이라고 주장했다.

─| 보기 |─

가. A연구원의 주장에 따르면 B국가의 경우 22세기에는 인간의 사망요인 중 질병이 차지하는 비중이 현저히 감소할 것이다

나. 19세기에 B국가에서는 결핵 환자가 가장 많았다.

다. 20세기에 B국가에서는 암으로 인한 사망자 수가 에이즈로 인한 사망자 수보다 많았다.

라. 20세기에 B국가에서는 에이즈로 사망한 사람이 교통사고로 사망한 사람보다 많다.

마. 21세기 현재 B국가에서는 모든 질병 중 심장질환이 세 번째로 치명적인 질병이다.

① 가, 마   ② 나, 다   ③ 가, 나, 라   ④ 가, 라, 마

10 다음 제시문을 바탕으로 추론할 때, 〈보기〉에서 올바른 진술은 모두 몇 개인가?

한 대학병원의 암 연구소에서는 스트레스가 생체에 미치는 영향을 연구하는 과정에서 실험용 쥐를 대상으로 전기충격 실험을 진행하였다. 그 실험에서 연구진들은 쥐를 두 집단으로 나누어서 투명한 유리상자에 넣은 다음, 한 집단에는 정해진 시간마다 전기충격을 주고 또 한 집단은 단순히 다른 집단의 쥐를 관찰하도록 하였다.

관찰조건의 쥐들이 들어가 있는 실험상자의 구조는 기본적으로 전기충격 조건의 쥐들이 들어가 있는 상자와 동일했지만 바닥에 고무판을 깔아 주어 전기충격을 받지 않도록 한 점만 달랐다. 전기충격은 50볼트의 강도로 매 2분마다 10초씩 주어졌다. 총 16시간 동안 실험을 진행한 결과, 먼저 탈진을 한 것은 전기충격 조건의 쥐들이 아니라 관찰조건의 쥐들이었다. 전기충격을 받는 쥐들은 충격이 주어질 때마다 고통스러워하면서도 조금이라도 충격을 더 적게 받기 위해 계속해서 펄적펄적 뛰어 올랐다. 반면에 관찰조건의 쥐들은 처음에는 고통스러워하는 쥐들을 보지 않기 위해서 고개를 돌리기도 하는 등 안간힘을 썼으나 시간이 지남에 따라 구석으로 가서 무기력하게 웅크리고 앉아서 벌벌 떨기만 하였다. 실험결과, 전기충격 조건의 쥐보다 관찰조건의 쥐가 암과 같은 스트레스성 질환에 더 많이 걸리는 것으로 나타났다.

아래의 그림에는 이 실험에서 시간이 흐름에 따라 스트레스 호르몬 수준이 변화한 양상이 나타나 있다. 일반적으로 스트레스 호르몬 수준이 높을수록 스트레스성 질환에 걸릴 확률이 증가하는 것으로 알려져 있다.

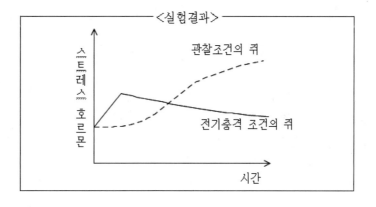

─┤ 보기 ├─

ㄱ. 전기충격 조건의 쥐들은 실험의 초반부에 더 심각한 스트레스를 경험하고, 관찰조건의 쥐들은 실험 후반부에 더 큰 스트레스를 경험한다.
ㄴ. 전기충격 조건의 쥐들은 관찰조건의 쥐들보다 스트레스성 질환에 더 많이 걸린다.
ㄷ. 관찰조건 쥐들의 스트레스 호르몬 수준은 시간이 지남에 따라 감소한다.
ㄹ. 결과적으로 두 조건의 쥐들은 스트레스의 부정적인 영향을 받는 정도가 비슷하다.
ㅁ. 두 조건의 쥐들 모두 초기에는 자극을 회피하기 위하여 노력한다.

① 1개   ② 2개   ③ 3개   ④ 4개

[11~12] 다음을 읽고 물음에 답하시오.

여러분! 주변에서 의사들이 불친절하다고 불평하는 소리, 한 번쯤 들어 보셨죠? 그런 소리 들으면 우선 사정을 모르고 하는 소리라고 항변하고 싶은 생각이 들 겁니다. 저도 잘 알고 있습니다. 사실 날마다 수많은 환자들을 상대하다 보면 친절한 말씨에 신경 쓸 여력이 없죠? 예, 맞습니다. 당연히 의사는 환자의 병을 치료하는 것이 가장 중요합니다. 그렇지만 치료 과정에서 여러 사람들과의 관계도 고려하지 않을 수 없습니다. 환자만이 아니지요. 환자의 보호자들, 간호사나 동료 의사들, 기기를 다루는 기사들……. 환자의 병을 다루는 의사라면, 어디서든 이들과 이야기하고 협력해야 하는데, 이것은 결코 저절로 이뤄지는 것이 아닙니다. 환자와 그 가족들에게는 환자의 병만 정확히 설명하면 될까요? 간호사에게는 지시만 하면 될까요? 그건 아닐 겁니다. 사람을 상대로 말을 하다 보면, 자신이 말한 내용이 다른 뜻으로 전해지거나 의도하지 않았던 반감을 불러일으킨 경험, 여러분도 가지고 있을 겁니다. 그러한 오해나 반감 때문에 순조로울 수 있었던 환자의 치료가 어려워지거나, 진료에 필요한 최선의 준비가 마련되지 않을 수 있습니다. 의사소통 교육의 중요성이 여기에 있습니다. 따라서 의사라면 누구나 의사소통에 대한 훈련과 연수가 필요합니다. 이제부터라도 의사로서의 지식과 전문적 조언이 무신경한 말투에 가려지지 않도록 함께 노력할 일입니다.

11 위 강연에 대한 평가로 적절하지 않은 것은?

① 질문을 던져 주의를 환기하고 있다.
② 공감을 유도하며 분위기를 조성하고 있다.
③ 주장을 앞에 두어 논점을 분명히 하고 있다.
④ 문제 상황을 부각시켜 호소력을 높이고 있다.

12 위 강연자에게 질문을 하고자 할 때, 〈보기〉의 조건을 가장 잘 만족시키는 것은?

---| 보기 |---

○ 강연의 요점을 정리하고 질문한다.
○ 질문의 초점을 분명히 한다.
○ 공격적이거나 논점에서 벗어나는 질문을 삼간다.

---

① 의사소통 교육이 중요하다는 데 저도 전적으로 동의합니다. 사실 의료 행위도 서비스업의 일종이죠. 그렇다면 선생님께서는 질 높은 서비스를 제공하는 데 의사소통보다 더 중요한 점은 무엇이라고 생각하십니까?

② 선생님 말씀은 잘 알겠습니다. 그런데 최근 상황이 많이 달라져서 선생님께서 생각하시는 것과 조금 다른 것 같습니다. 이미 많은 의사들이 환자와 간호사에게 정중하게 대하고 있다고 생각하는데, 어떻게 생각하시는지요?

③ 선생님께서는 결국 의사소통에 대한 훈련과 연수를 강조하셨는데, 이에 대한 구체적인 프로그램이 마련되지 않으면 공허한 주장일 수 있다고 생각합니다. 구체적인 교육 내용이 마련되어 있다면 좀더 자세히 안내해 주실 수 있습니까?

④ 오늘 강연을 듣고 반성이 되는 점도 있지만, 사실 평소의 마음가짐이 중요하지 한두 번의 연수를 받는다고 해결될 일도 아니지 않습니까? 의사에게 화려하고 친절한 말솜씨만이 전부는 아니라고 생각하는데, 도대체 의사에게 중요한 덕목은 뭡니까?

[13~14] 다음 글을 읽고 물음에 답하시오.

인간은 직립 보행을 했을 때부터 요통에 시달렸을 것이다. 고대 그리스나 이집트 문헌에도 요통 치료 처방이 남아 있다. 현재에도 요통은 매우 흔한 질환으로 성인의 80%가 일생 동안 한 번 이상은 겪게 된다고 한다. 한창 일할 나이의 젊은이들이 병가(病暇)를 내는 경우, 상당 부분은 상기도 감염(上氣道感染)에 의한 질환, 흔히 감기라고 부르는 증세 때문인데, 요통 역시 그에 못지않은 병가의 원인이 되고 있다. 통계에 따르면, 1년간 요통으로 인한 일상생활의 제약 일수는 평균 23.5일이고 노동 공백 일수는 약 8일이라고 한다.

요통은 증상이면서 병명이다. 일시적인 통증으로부터 현대 의학으로도 어쩔 수 없는 질환에 이르기까지 요통의 유형은 헤아릴 수 없을 정도로 많다. 따라서 요통이 발생하는 원인 또한 여러 가지이다. 잘 알려져 있다시피 연령은 요통과 깊은 관계가 있다. 요통은 30대에서 50대에 주로 발생하지만, 나이가 들수록 그 증세가 심해지고 그로 인한 생활의 제약도 커진다. 무거운 물건을 많이 나르거나 반복적인 일을 하는 작업 요건은 요통과 관련이 깊다. 우울증과 같은 정신 질환 역시 요통의 중요한 요인으로 알려져 있으며, 만성 요통으로 이행된 환자들은 정신 장애를 겪게 되는 경우도 많다. 그런가 하면 통증을 호소함으로써 관심을 촉구하고자 하는 보상 심리에 의해 실제로 요통을 느끼는 경우도 있으므로 환자가 처한 사회 · 문화적 환경도 중요한 발생 원인으로 고려되어야 한다.

요통에 대한 치료 방법 역시 다양하다. 대체로 단순 요통 환자는 특별한 치료 없이도 4주 이내에 증상이 호전된다. 따라서 이런 환자들을 위해서는 증상이 호전되기를 기다리는 동안 통증을 완화시키기 위한 여러 가지 보존 치료를 시행한다. 침상에 누워 안정을 취하는 것, 찜질이나 핫팩을 이용하여 열 치료를 하는 것, 통증을 줄이기 위해 비스테로이드성 소염진통제를 투여하는 것 등은 보존 치료의 일종이다. 그러나 보다 근본적인 방법은 강한 허리를 갖기 위한 꾸준한 노력이라고 하겠다. 그 대표적인 방법이 운동이다. 그런데 흔히 "다른 사람의 요통은 몰라도 내 요통은 그런 단순한 문제가 아니다."라고 하여 운동을 권하는 의사의 처방에 따르지 않는 환자들도 있지만, 운동 처방은 6개월 이상 꾸준히 해야 효과를 볼 수 있다. 이렇게 충분한 보존 치료에도 불구하고 통증이 완화되지 않을 경우 수술을 고려해 볼 수 있다.

(가) ┌ 보존 치료나 수술 치료를 위해서는 척추의 구조 및 요통의 진행 과정에 대해 정확히 알아야 한다. 척추는 추체(椎體)라 부르는 뼈가 여럿 이어진 구조를 갖고 있다. 추체와 추체 사이에는 우리가 흔히 디스크라 부르는 추간판이 있어 척추에 운동성과 안정성을 제공한다. 만성 요통은 추간판의 탈출이나 추간판 조직의 생화학적 변화로부터 시작된다. 이로 말미암아 추간판의 높이가 소실되어 척추 분절이 불안정해지거나 주위의 뼈에서 비정상적인 뼈, 즉 골극(骨棘)이 성장하게 된다. 이로 인해 척추로부터 빠져나오는 신경근이 지나가게 되는 추간공(椎間空)이 좁아져서 신경근이 눌리게 되는 것이다. 이렇게 발생한 신경근증은 해당 신경 지배 영역에 감각 이상 및 방사통을 일으킨다. 물론 추간판 조직의 탈출은 직접적으로 신경근증을 일으키기도 한다. 따라서 척추 └ 구조물 안에서 어느 부위가 압박되고 있으며 그 정도가 어떠한지에 따라 요통의 치료 방법을 달리해야 한다.

13 위 글의 내용으로 미루어 알 수 없는 것은?

① 수술 치료는 보존 치료보다 효과가 크다.

② 직업에 따라 요통 발생 빈도에 차이가 있다.

③ 사람은 신체 구조상 누구나 요통에 걸릴 수 있다.

④ 요통은 환자에 따라 정신과적 치료를 병행해야 하는 경우도 있다.

14 (가)를 읽고 〈보기〉와 같이 도시할 때 A~D를 바르게 배열한 것은?

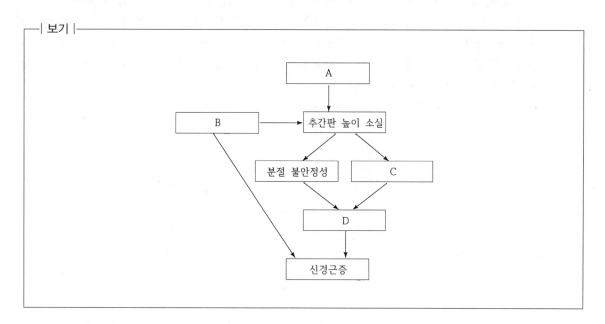

	A	B	C	D
①	추간판 변성	추간판 탈출	추간공 협착	골극 성장
②	추간판 변성	추간판 탈출	골극 성장	추간공 협착
③	추간판 탈출	골극 성장	추간판 변성	추간공 협착
④	추간판 탈출	추간공 협착	골극 성장	추간판 변성

[15~17] 다음 글을 읽고 물음에 답하시오.

1998년부터 미국에서 수행된 '여성건강연구'는 50세에서 79세의 여성 16,608명을 대상으로 '폐경 후 호르몬 대체 요법(PHT)'의 질병 예방 효과를 검증하기 위한 비교 대조군 임상 연구였다. 이 연구에 참여한 피험자들 중 8,506명에게는 여성 호르몬인 에스트로겐과 프로게스틴의 복합 제제를 투여하고, 8,102명에게는 위약(僞藥)을 투여하였다. 피험자들은 두 군에 무작위로 배치되었으며, 눈가림법을 썼기 때문에 자신이 어떤 약을 투여받고 있는지를 알지 못했다. 이 연구는 2002년 5월, 원래 예정했던 추적 관찰 기간을 다 채우지 못하고 중단되었다. 그 이유는 호르몬 대체 요법을 받은 여성들에게서 이 요법으로 인한 건강상의 이익보다 위험이 더 크다는 결론이 내려졌기 때문이다.

위약 투여군과 비교할 때 호르몬 대체 요법군에서는 유방암의 위험성이 26%. 심장 혈관질환의 위험성이 29%, 뇌혈관 질환의 위험성이 41%, 폐혈전색전증(혈전으로 인해 폐혈관이 막히는 병)의 위험성이 두 배 이상으로 증가하였다. 자궁내막암의 발생 빈도는 호르몬 대체 요법군과 위약 투여군 사이에 차이가 없었다. 그러나 위약 투여군과 비교할 때 호르몬 대체 요법군에서 엉덩이뼈 골절의 위험성이 33%, 대장암의 위험성이 37% 감소하였다. 전체적으로는 호르몬 대체 요법군에서 해로운 사건이 15% 더 많이 일어났다. 그렇다고 해서 호르몬 대체 요법 자체가 매우 위험하다고 보기는 어렵다. 호르몬 대체 요법을 받는 10,000명의 여성이 있다면, 받지 않는 여성에 비해 연간 유방암은 8명, 심장 혈관 질환은 7명, 뇌혈관 질환은 8명, 폐혈전색전증은 8명 정도가 늘어나는 것이다. 반면 대장암은 6명, 엉덩이뼈 골절은 5명 정도가 각각 감소한다.

이 '여성건강연구' 결과는 호르몬 대체 요법을 받은 여성에 대한 이전의 일반적인 관찰 연구 결과들과 큰 차이를 보였다. 그 차이는 무엇 때문일까? 일반적인 관찰 연구에서 호르몬 대체 요법을 받는 여성은 받지 않는 여성보다 체중이 덜 나가며, 혈압이 낮고 지질 대사도 더 양호한 경우가 많았는데, 이 변수들은 독립적으로 심장 혈관 질환의 위험성을 낮춘다. '건강한 소비자 효과(healthy user effect)'라고 하는 이런 현상은 다른 변수로 인해 연구 결과가 왜곡되는 현상 중 하나이다. 의사들 또한 호르몬 대체 요법을 시행할 때 상대적으로 건강해 보이는 여성을 선택하는 경향이 있다. 예컨대 유방암 위험 요소가 있는 여성에게는 호르몬 대체 요법을 시행하지 않는데, 그 때문에 관찰 연구에서는 유방암의 발생 숫자가 낮게 나타난다. 한편, 의사의 지시에 따라 약을 꾸준히 잘 먹는, 즉 순응도가 높은 사람들에게서는 상대적으로 사망률이 감소한다. '순응도 바이어스(compliance bias)'라고 하는 이런 현상 역시 일반적인 관찰 연구에서 더 긍정적인 결과가 나오는 데 기여하였을 것이다.

또한 ㉠ '여성건강연구'에 나타난 이러한 차이는 에스트로겐과 프로게스틴을 함께 경구 투여(經口 投與)한 결과일 수도 있다. 그 이유는 이런 복합 투여 방식이 가장 널리 처방되기 때문이어서가 아니라, 이렇게 하면 피험자의 월경이 재개되지 않아서 눈가림법이 가능하기 때문이었다. 프로게스틴은 지질 대사와 인슐린 감수성에 대한 에스트로겐의 긍정적인 작용을 저해하고, 또한 유방암의 발생 비율을 증가시킬 수 있다. 게다가 여성 호르몬 제제를 경구 투여하면 폐혈전색전증의 발생 비율을 증가시킬 수 있다. 이들을 경구 투여하면 간에서 일차 대사가 일어나는데 이 과정에서 몇몇 혈액 응고 인자의 생산이 촉진되기 때문이다. 이런 가설들을 확인하기 위해서는 추가적인 연구가 필요하다.

15 위 글에서 추론할 수 있는 내용으로 적절한 것은?

① 호르몬 대체 요법은 암에 걸린 여성 환자에게 주로 처방되었을 것이다.

② '여성건강연구'에는 '건강한 소비자 효과'가 영향을 미치지 않았을 것이다.

③ '여성건강연구'에서는 위약을 투여함으로써 피험자의 순응도를 높였을 것이다.

④ '여성건강연구'에서 눈가림법을 쓴 것은 피험자의 월경 제개를 막기 위해서였을 것이다.

16 〈보기〉의 연구를 통해 ㉠의 가설이 사실로 입증되었다면, ( )안에 들어가야 할 말로 바르게 짝지어진 것은?

┌─| 보기 |───

연구 A: 에스트로겐을 단독 투여하여 '에스트로겐 + 프로게스틴'의 복합 투여 결과와 비교한 연구
  → (ㄱ)에서 유방암의 발생 비율이 더 (ㄴ).

연구 B: '에스트로겐 + 프로게스틴'을 피부 패치를 통해 투여하여 경구 투여 결과와 비교한 연구
  → (ㄷ)에서 폐혈전색전증의 발생 비율이 더 (ㄹ).

└──

	ㄱ	ㄴ	ㄷ	ㄹ
①	복합 투여군	높다	경구 투여군	낮다
②	복합 투여군	낮다	피부 패치 투여군	높다
③	단독 투여군	높다	경구 투여군	높다
④	단독 투여군	낮다	피부 패치 투여군	낮다

17 의사인 김 박사에게 55세 여성 박 여사가 폐경 후 호르몬 대체요법을 받기 위해 찾아왔다. '여성건강연구'의 결론으로 미루어 볼 때, 김 박사의 상담 내용 중 적절한 것만을 〈보기〉에서 고른 것은?

┌─| 보기 |───

박 여사 : 호르몬 대체 요법을 받으면 유방암에 걸린다는 게 사실인가요?

김 박사 : 그렇지는 않아요. 그럴 가능성이 약간은 높아지지만 ⓐ 이 치료를 받는다고 모두 유방암에 걸리는 건 아니니까요. 대장암 같은 것은 오히려 위험을 줄일 수 있습니다.

박 여사 : 다른 문제는 없나요?

김 박사 : 글쎄요. ⓑ 자궁내막암의 위험이 있다면 이 치료는 안 받으시는 편이 좋습니다. 하지만 골다공증 때문에 ⓒ 뼈가 약하다면 도움이 될 수도 있겠지요.

박 여사 : 그럼 전 어떻게 하면 좋을까요?

김 박사 : 먼저 기본적인 검사를 좀 해 보죠. 그런 다음 이 치료가 박 여사님께 정말 필요한지 따져 봐야겠습니다. ⓓ 지금 보아서는 체중이 좀 나가고, 혈압도 높을 것 같은데, 그렇다면 이 치료가 필요할 수도 있으시겠네요.

└──

① ⓐ, ⓑ   ② ⓐ, ⓒ   ③ ⓑ, ⓒ   ④ ⓑ, ⓓ

[18~20] 다음 글을 읽고 물음에 답하시오.

공간(space)과 장소(place)는 분리될 수 없는 것이지만, 구분될 수는 있고 그럴 필요 또한 있다. 개념이 현실을 반영하고 현실이 개념에 의해 조명된다는 입장에서 보아도, 장소가 현실적이라면 공간은 훨씬 더 개념적이다. 공간은 사실 말 그대로 '공허한' 것인지 모른다. 그것은 인류 역사에서 개념의 힘으로 존재해왔기 때문이다. 철학자 칸트(I. Kant)는 공간을 '선험적 순수 직관'이라고 개념화했는데, 일반인이 쉽게 이해할 수 있는 것은 아니다. 우리는 일상생활에서 공간이라는 말을 쉽게 하지만, 참 어려운 개념이다. 그런 만큼 실체적 장소와는 거리가 있다.

또한 물리적으로 공간과 장소를 유사한 개념으로 다룬다고 할지라도, 문화적으로는 서로 매우 다른 개념이다. 예를 들어, 우리는 사이버스페이스(cyberspace)라고 하지, 사이버플레이스라고 하지는 않는다. 하지만 우리가 어디 어디서 만나자고 할 때, 그것은 플레이스(place)지 스페이스(space)가 아니다. 즉 구체적이고 개별적인 장소이지 일반적이고 보편적인 공간이 아니다.

이런 구분을 미래에 투영해보자. 21세기를 우주시대라고들 한다. 하지만 宇宙라는 말을 구성하는 글자 하나 하나에 모두 '집'을 뜻하는 '갓머리'가 있음을 쉽게 간과할 수 없다. 인간이 첨단 과학-기술을 이용해 우주로 나가도 삶의 장소를 경작해야 한다는 과제는 의무처럼 남는다.

본격적인 우주 시대를 맞아 우주로 나가더라도 인간은 떠다니기만 하며 살 수 없다. 아니 본격적으로 우주를 개척하게 되면 인류는 '삶의 장소'를 일구어야 한다. 즉 스페이스 속에서 플레이스를 확보해야 한다.

스페이스의 개념을 가지고 우주에 진출하지만, 플레이스의 실체에서 살아야 하기 때문이다. 사전적 의미로 보면 우주는 '만물을 포용하는 공간'이다. 하지만 그것이 삶의 장소가 될 수 없다면 우주로 진출한 인간에게는 무의미할 것이며, 우주라는 공간이 포용하는 만물도 만물이 아닐 것이다.

이상 언급한 장소들은 매우 현실적인 장소여야 한다. 그것은 현실에 '없는 장소' 즉 유토피아가 아니다. 토머스 모어가 만든 이 말은 그리스어 'ou'(없는)와 'to!pos'(장소), 그리고 조어를 위한 접미사 '-ia'의 합성어다. 그래서 현실에는 없는 이상향이라고 한다.

그러나 오늘날 우리에게 필요한 것은 현실에 있는 장소다. 디지털 휴대문화의 발달에 따른 전자유목민 시대에도 우리는 장소에서 장소로 이동한다. 그리고 장소에 머문다. 장소에서 밥을 먹고 잠을 자고 사랑을 한다. 또한 자아를 찾기 위한 휴식을 한다. 그 순간 시간의 지배 아래에 있으면서도 그 지배적 조건을 잊어버릴 수 있는 삶을 살고자 한다.

그러므로 오늘날 우리의 하루하루 삶에 필요한 것은 이상시도 이상향도 아니고, 실질적 장소, 더 나아가 이상을 성실하게 실현할 수 있는 장소다. 나는 이런 장소를 '토피아(topia)'라고 부르고 싶다. 없는-장소 '유-토피아'가 아니라, 우리의 일상적 삶이 진행되는 '있는 장소'로서 토피아인 것이다. 그것은 자연적으로 주어진 '토포스'도 아니고, 이상으로만 남을 유토피아도 아니며, 우리의 의식이 유토피아로부터 떼어내 재구성한 '이상의 의미를 담은 현실의 장소'이기 때문이다.

언제 삶의 장소가 없었던 적이 없지만, 사람을 받아주는 환대성(歡待性, hospitality)이 넘치는 장소로서 토피아의 확보는 지속적인 과제다. 어떠한 삶의 장소도 환대성을 목표로 한다. 그것은 리셉션과 엔터테인먼트를 내포한다. 곧 만남과 맞이함, 그리고 놀이와 즐김의 장소가 되어야 한다. 그리고 그것이 자연적 조건과 충돌 및 갈등이 없어야 한다. 삶의 장소로서 토피아의 의미 회복과 토피아의 실질적 확보는 오늘날 우리 모두의 과제다.

18 다음 중 '공간'이라는 말의 쓰임이 나머지와 다른 하나는?

① 61년 전 해방 공간에 어렵게 학창시절을 보냈던 70대 노인이 당시 넉 달 동안 무임승차했던 통학 기차의 요금을 갚아 화제가 되고 있다.

② 거창한 공간이 아니라 선생의 자취를 느낄 수 있는 소박하고 작은 공간이면 되기 때문에 많은 분들이 관심을 가져주셨으면 좋겠다.

③ 단골 사이버 쇼핑몰이 싫증이 나면 바로 바꾸면 되기 때문에 전자공간상의 소비자들은 쉽게 변하는 경향이 있다.

④ 포털 사이트의 지식人 코너는 이용자가 만들어가는 지식 공유 공간이다.

19 위 글의 글쓴이가 다음과 같은 정보를 대한 후에 했을 만한 말로 가장 적절한 것은?

> 유목문화 (遊牧文化)는 목축문화 · 가축사육문화의 한 형태. 물이나 목초를 찾아 가축떼를 이끌고 이동을 되풀이하는 형태의 목축을 주체로 하는 문화이다. 유목활동에는 일반적으로 봄 · 가을에 오아시스를 중심으로 여름 유목지와 겨울유목지 사이의 대이동이 있고, 방목지 안에서의 소이동이 있다. 그 생활은 거듭되는 이동에 순응하여 말 · 낙타 따위를 잘 타고 수레 · 썰매 등 운반도구가 발달하였다. 주거는 운반하기 편리한 천막류로 되어 있다. 또한 생활물자의 대부분은 가축들로부터 얻는데, 고기 · 젖 따위는 식량으로 하고, 털 · 가죽은 의류나 천막덮개 및 각종 도구의 재료로 삼았다.

① 사막의 유목민들은 공간에서 공간으로 떠돌며 살므로 그들이야말로 공간에서 자유로운 이들이다.

② 사람은 장소를 살 집을 필요로 하기 때문에 유목민들에게는 현실적인 공간이 필요한데, 그들이 떠도는 사막이 곧 그들의 집이 되며 대자연의 공간을 집으로 삼게 되는 셈이다.

③ 유목민들은 그들이 가진 장점을 최대한 살려 그들의 생활을 꾸려나가고 있다.

④ 사막의 유목민은 계속 돌아다니지만 그들은 오아시스를 찾아 돌아다니고 그곳에 일시 머문다. 그것이 그들의 삶의 공간이 된다.

20 오늘날과 같은 시대에 글쓴이가 생각할 만한 것은?

① 전자유목문화 시대가 될수록 정주할 장소는 더더욱 중요한 의미를 가지게 된다.

② 사람은 정주 방식에 따라 자아실현을 할 가능성에 차이가 나기 때문에, 정주의 방식은 중요한 문제가 된다.

③ 디지털 휴대문화가 발달하는 시대에도, 실제적 삶의 장소의 확보는 중요한 문제다.

④ 전자유목문화가 발달할수록 환대성은 늘어날 것이고, 인간은 바로 그런 정주성을 확보해야 한다.

2교시 수리능력

총 20문항 20분

01 다음 〈표〉는 5가지 종류의 정신질환에 대해 전국 남녀 대학생의 평균적 자료를 제시한 것이다. 이 자료를 통해 A 대학에 재학 중인 3명의 학생들의 검사 결과를 판단하려고 한다. 〈보기〉 중 옳은 것은?(단, 개인 점수가 자신이 속하는 성별의 전국 평균보다 높을 경우 해당 정신질환을 가지는 것으로 판단한다.)

〈표〉 전국 남녀 대학생의 5대 심리 문제 평균 점수

	편집증	우울증	히스테리	반사회장애	건강염려증
남자	45.4	20.3	16.6	69	33.7
여자	37.2	68.9	54.1	21.7	31.5

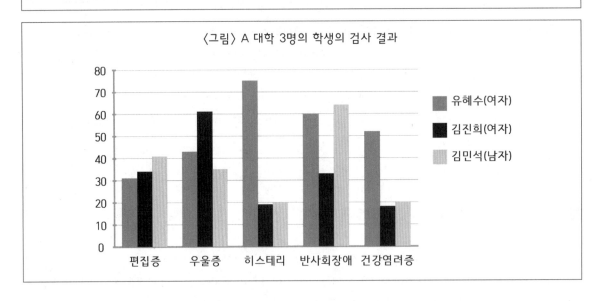

〈그림〉 A 대학 3명의 학생의 검사 결과

| 보기 |

ㄱ. 유혜수와 김민석은 동일한 정신질환을 가지고 있지 않다.

ㄴ. 김진희는 어떠한 정신질환도 가지고 있지 않은 것으로 판단할 수 있다.

ㄷ. 위 3명의 학생 각자가 판정받은 정신질환의 수를 모두 합하면 6개다.

ㄹ. 정신질환 판정을 받은 종류의 수에 있어서 유혜수는 김민석보다 많다.

① ㄱ, ㄴ   ② ㄴ, ㄷ   ③ ㄷ, ㄹ   ④ ㄱ, ㄹ

02 다음 〈표〉는 건강보험공단의 최종면접에 응시한 6명의 지원자 A~F의 면접점수에 관한 자료이다. 〈표〉와 〈조건〉을 이용하여 면접응시자 A, B, C의 시험점수를 바르게 나열한 것은?

〈표〉 면접응시자 A~F의 시험점수

(단위 : 점)

응시자	A	B	C	D	E	F
점수	( )	( )	( )	( )	9	9

─| 조건 |────────────────────────────

○ 면접점수는 자연수이다.

○ 면접점수가 같은 응시자는 A, E, F뿐이다.

○ 산술평균은 8.5점이다.

○ 최댓값은 10점이다.

○ 지원자 D의 면접점수는 지원자 C보다 4점 높다.

```
       A   B   C
①      8   9   5
②      8   10  4
③      9   8   6
④      9   10  5
```

03 지구표면에 접하고 있는 대류권에서는 1km 높아질 때마다 기온이 대략 6.5℃ 내려간다. 그러나 때에 따라서는 다음 그림과 같이 높이가 높아져도 기온이 내려가지 않고 올라가는 역전현상이 나타나기도 한다. 다음 설명 중 옳은 것은?

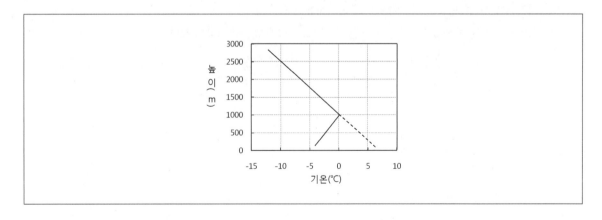

① 높이 1,500m에서는 기온역전 현상이 일어나고 있다.

② 높이 500m에서는 높아질수록 기온이 내려간다.

③ 높이 2,000m에서는 기온이 –10℃ 정도 될 것이다.

④ 높이 1,000m 근처에서 기온이 가장 높다.

[4~5] 다음 〈표〉는 세계 주요 터널화재 사고 A~F에 관한 자료이다. 이를 보고 물음에 답하시오.

〈표〉 세계 주요 터널화재 사고 통계

구분 사고	터널길이 (km)	화재규모 (MW)	복구비용 (억원)	복구기간 (개월)	사망자 (명)
A	50.5	350	4,200	6	1
B	11.6	40	3,276	36	39
C	6.4	120	72	3	12
D	16.9	150	312	2	11
E	0.2	100	570	10	192
F	1.0	20	18	8	0

※ 사고비용(억원) = 복구비용(억원) + 사망자(명) × 5(억원/명)

04 사망자가 가장 많은 사고 E의 사고비용은?

① 367억원　　　　② 1,530억원　　　　③ 3,471억원　　　　④ 4,205억원

05 위 표에 대한 설명으로 옳은 것은?

① 터널길이가 길수록 사망자가 많다.
② 화재규모가 클수록 복구기간이 길다.
③ 사고 A를 제외하면 복구기간이 길수록 복구비용이 크다.
④ 사망자가 30명 이상인 사고를 제외하면 화재규모가 클수록 복구비용이 크다.

06 다음 〈표〉는 지역별 마약류 단속에 관한 자료이다. 이에 대한 설명으로 옳은 것은?

〈표〉 지역별 마약류 단속 건수

(단위 : 건, %)

지역＼마약류	대마	마약	향정신성 의약품	합	비중
서울	49	18	323	390	22.1
인천·경기	55	24	552	631	35.8
부산	6	6	166	178	10.1
울산·경남	13	4	129	146	8.3
대구·경북	8	1	138	147	8.3
대전·충남	20	4	101	125	7.1
강원	13	0	35	48	2.7
전북	1	4	25	30	1.7
광주·전남	2	4	38	44	2.5
충북	0	0	21	21	1.2
제주	0	0	4	4	0.2
전체	167	65	1,532	1,764	100.0

※ 1) 수도권은 서울과 인천·경기를 합한 지역임.
　 2) 마약류는 대마, 마약, 향정신성의약품으로만 구성됨.

① 대마 단속 전체 건수는 마약 단속 전체 건수의 3배 이상이다.

② 수도권의 마약류 단속 건수는 마약류 단속 전체 건수의 50% 이상이다.

③ 마약 단속 건수가 없는 지역은 5곳이다.

④ 향정신성의약품 단속 건수는 대구·경북 지역이 광주·전남 지역의 4배 이상이다.

07 다음은 A지역의 동·읍·면별 평균 초혼 연령의 분포에 관한 〈그림〉이다. 타당한 해석을 모두 고르면?

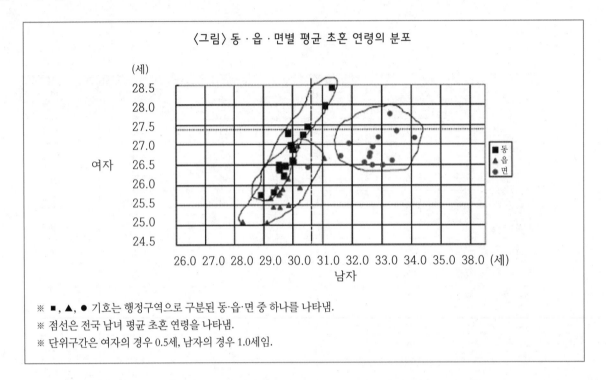

〈그림〉 동·읍·면별 평균 초혼 연령의 분포

※ ■, ▲, ● 기호는 행정구역으로 구분된 동·읍·면 중 하나를 나타냄.
※ 점선은 전국 남녀 평균 초혼 연령을 나타냄.
※ 단위구간은 여자의 경우 0.5세, 남자의 경우 1.0세임.

―| 보기 |――――――――――――――――――――――――――――――――――

ㄱ. A지역 대부분의 면단위에서는 남자 평균 초혼 연령이 전국 남자 평균 초혼 연령보다 높다.

ㄴ. A지역 대부분의 읍단위에서는 남녀 각각 전국 평균 초혼 연령보다 낮은 평균 연령에서 처음 결혼한다.

ㄷ. A지역 동단위 남녀의 평균 초혼 연령을 보면, 대체로 남자가 여자보다 한 살 많다는 것을 알 수 있다.

ㄹ. A지역 대부분의 면단위에서는 여자들이 평균적으로 전국 여자 평균 초혼 연령인 27.3세 이전에 처음 결혼한다.

ㅁ. 단위구간으로 보았을 때, A지역에서 여자는 26.0～26.5세, 남자는 30.0 ～ 31.0세에 결혼하는 동·읍·면이
  가장 많다.

① ㄱ, ㄴ, ㄹ   ② ㄴ, ㄷ, ㄹ   ③ ㄴ, ㄷ, ㅁ   ④ ㄷ, ㄹ, ㅁ

08 다음 〈그림〉은 미국내 흑인, 백인 및 아시아계의 교육수준별 주관적 계층의식에 관한 분석결과를 나타낸 것이다. 이에 대한 설명으로 적절한 것을 〈보기〉에서 모두 고른 것은?

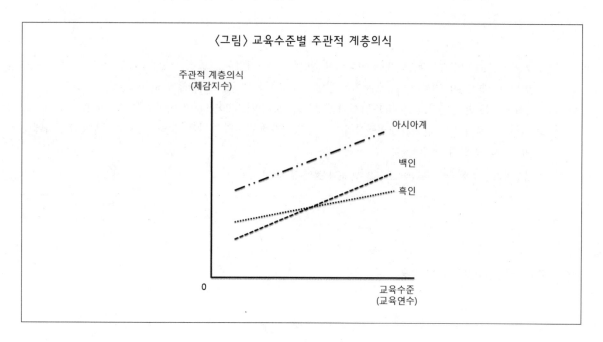

〈그림〉 교육수준별 주관적 계층의식

───| 보기 |───

ㄱ. 흑인, 백인, 아시아계 모두 교육수준이 높아질수록 주관적 계층의식이 높아진다.

ㄴ. 교육수준이 주관적 계층의식에 미치는 영향의 정도는 백인이 흑인보다 더 낮은 경향이 있다.

ㄷ. 교육을 많이 받을수록 상승하는 주관적 계층의식의 정도는 아시아계보다 흑인이 높다.

ㄹ. 교육수준은 아시아계와 백인의 주관적 계층의식의 차이를 별로 설명하지 못하고 있다.

① ㄱ, ㄴ   ② ㄱ, ㄹ   ③ ㄴ, ㄷ   ④ ㄱ, ㄷ, ㄹ

[9~10] 다음 〈제시문〉은 2016년 한 해 동안 어느 지역의 건강보험공단 지사의 종합민원실에 20세 이상의 민원인이 제출한 민원 현황을 서술한 것이다. 이를 보고 물음에 답하시오.

〈제시문〉

○ 종합민원실에 민원을 제출한 20세 이상의 민원인은 150명이었다.

○ 연령별로 보면 40~59세가 60명으로 가장 많았으며 그 다음으로는 20~39세가 50명이었다.

○ 민원을 제출한 민원인 중 100명은 남성이었고 그 중 20~39세가 30명, 60세 이상이 30명이었다.

○ 민원을 제출한 민원인 중 종합민원실의 행정처리 결과에 만족한 사람은 60명이었으며 행정처리 결과에 만족한 사람의 50 %가 남성이었다.

※ 행정처리 결과에 대한 민원인의 응답은 '만족'과 '불만족'으로만 나뉨.

---

09 민원을 제출한 60세 이상 민원인의 수는?

① 35명 ② 40명 ③ 45명 ④ 50명

10 민원을 제출한 여성 민원인 중 종합민원실의 행정처리 결과에 만족하지 못한 민원인의 비율은?

① 30% ② 35% ③ 40% ④ 45%

11 다음은 어느 나라의 일부 지역에 대한 체육시설 현황이다. 〈보기〉의 설명을 통해 A, B, C, D, E에 해당하는 지역을 올바르게 짝지은 것은?

〈표〉 체육시설 현황

(단위 : 개소)

지역명	총계	실외시설	실내체육관	다목적체육관	수영장	테니스장	아이스링크	사격경기장
A	22,027	10,719	4,765	138	1,514	2,609	62	2,220
B	741	317	289	7	33	69	3	23
C	14,723	6,289	3,587	9	901	1,800	11	2,126
D	1,667	614	519	20	114	288	2	110
E	4,036	2,186	1,156	32	251	140	2	269
전국합계	126,962	60,161	35,409	408	7,792	14,192	186	8,814
전국평균	7,936	3,760	2,213	26	487	887	12	551

| 보기 |

○ 대상지역 중 체육시설 총계의 상위 2개 지역은 (가)지역과 (나)지역이다.

○ (라)지역의 다목적체육관 수는 아이스링크 수의 10배이다.

○ (다)지역 체육시설 총계는 실내체육관 전국 평균보다 작다.

○ (나)지역의 테니스장 수는 (가)지역의 테니스장 수보다 많다.

○ (라)지역과 (마)지역의 사격경기장 수의 합은 전국 사격경기장 수의 약 4.3 %이다.

    A B C D E

① (가) (다) (나) (라) (마)

② (가) (마) (나) (라) (다)

③ (나) (다) (가) (라) (마)

④ (나) (라) (가) (마) (다)

12 다음 〈표〉는 2015년과 2016년 건강보험공단의 사내 교육 강사 A~E의 시급과 수강생 만족도에 관한 자료이다. 〈표〉와 〈조건〉에 근거한 설명으로 옳은 것은?

〈표〉 강사의 시급 및 수강생 만족도

(단위 : 원, 점)

연도 구분 / 강사	2015		2016	
	시급	수강생 만족도	시급	수강생 만족도
A	50,000	4.6	55,000	4.1
B	45,000	3.5	45,000	4.2
C	52,000	( )	54,600	4.8
D	54,000	4.9	59,400	4.4
E	48,000	3.2	( )	3.5

─| 조건 |─

○ 당해 연도 시급 대비 다음 연도 시급의 인상률은 당해연도 수강생 만족도에 따라 아래와 같이 결정됨. 단, 강사가 받을 수 있는 시급은 최대 60,000원임.

수강생 만족도	인상률
4.5점 이상	10% 인상
4.0점 이상 4.5점 미만	5% 인상
3.0점 이상 4.0점 미만	동결
3.0점 미만	5% 인하

① 강사 E의 2016년 시급은 45,600원이다.
② 2017년 시급은 강사 D가 강사 C보다 높다.
③ 2016년과 2017년 시급 차이가 가장 큰 강사는 C이다.
④ 강사 C의 2015년 수강생 만족도 점수는 4.5점 이상이다.

[13~14] 다음 〈표〉는 중·고등학생을 대상으로 한 경제의식 관련 설문조사 내용이다. 이를 보고 물음에 답하시오.

〈표〉 경제의식에 대한 설문조사결과

(단위 : %)

설문 내용	구분	전체	성별		학교별		계열별	
			남	여	중학교	고등학교	인문계고	실업계고
용돈을 받는지 여부	예	84.2	82.9	85.4	87.6	80.8	80.5	81.9
	아니오	15.8	17.1	14.6	12.4	19.2	19.5	18.1
월간 용돈 금액	3만원 미만	38.5	40.6	36.4	55.6	20.2	18.8	24.8
	3만원 이상~5만원 미만	36.7	33.3	40.1	33.8	39.8	40.6	37.2
	5만원 이상~10만원 미만	16.3	15.5	17.1	6.8	26.5	28.2	20.4
	10만원 이상~20만원 미만	5.9	7.3	4.6	2.7	9.5	8.7	12.4
	20만원 이상	2.6	3.3	1.8	1.1	4.0	3.7	5.2
금전출납부 기록 여부	항상 기록한다	3.6	3.0	4.3	3.3	3.9	3.4	5.8
	자주 기록한다	4.4	4.1	4.6	5.3	3.4	3.6	2.9
	가끔 기록한다	21.3	15.7	26.9	22.4	20.2	20.5	18.8
	전혀 안 한다	70.7	77.2	64.2	69.0	72.5	72.5	72.5
아르바이트 여부	했다	39.1	35.9	42.5	30.2	47.0	44.0	62.3
	하지 않았다	60.9	64.1	57.5	69.8	53.0	56.0	37.7
아르바이트 장소	음식점	53.7	43.3	62.7	50.0	56.0	55.7	57.0
	유통업계	13.8	14.3	13.4	8.9	16.9	18.6	12.8
	PC방	11.0	16.0	6.7	16.1	7.8	7.7	8.1
	일반 회사	4.6	6.9	2.6	2.6	5.9	5.4	7.0
	주유소	3.4	4.8	2.2	4.2	2.9	2.3	4.7
	기타	13.5	14.7	12.4	18.2	10.5	10.3	10.4

13 전체 고등학생을 100명이라고 한다면, 음식점에서 아르바이트를 한 학생은?

① 12명　　　　　② 22명　　　　　③ 26명　　　　　④ 31명

14 위 자료를 보고 해석한 것 중 옳은 것을 〈보기〉에서 모두 고르면?

| 보기 |

ㄱ. 5만원 미만의 용돈을 받는 학생이 학생 전체의 다수를 차지하고 있고, 고등학생보다 중학생이, 남학생보다 여학생이 5만원 미만의 용돈을 받는 비율이 더 높다.

ㄴ. 전체 학생 중 20만원 이상의 용돈을 받으면서 항상 금전출납부를 작성할 것으로 예상되는 사람은 100명당 약 3명 정도가 될 것이다.

ㄷ. 고등학생이 중학생보다, 남학생이 여학생보다 용돈을 받는 비율이 낮고 아르바이트를 하는 비율은 높다.
---

① ㄱ   ② ㄴ   ③ ㄱ, ㄴ   ④ ㄴ, ㄷ

[15~17] 다음은 학교급별 급식 학교수와 급식인력(영양사, 조리사, 조리보조원)의 현황을 나타낸 〈표〉이다. 이를 보고 물음에 답하시오.

〈표〉 학교급별 급식 학교수와 급식인력 현황

(단위 :개, 명)

| 구분 | 급식 학교수 | 직종 | | | 조리사 | 조리 보조원 | 총계 |
| | | 영양사 | | | | | |
		정규직	비정규직	소계			
초등학교	5,417	3,377	579	3,956	4,955	25,273	34,184
중학교	2,492	626	801	1,427	1,299	10,147	12,873
고등학교	1,951	1,097	603	1,700	1,544	12,485	15,729
특수학교	129	107	6	113	135	211	459
전체	9,989	5,207	1,989	7,196	7,933	48,116	63,245

※ 각 직종별 충원율 (%) = $\frac{각 직종별 급식인력수}{학교급별 급식 학교수} \times 100$

15 전체 급식 학교의 영양사 충원율은?

① 60%   ② 66%   ③ 72%   ④ 76%

16 전체 급식 학교에서 급식 학교당 조리보조원은?

① 4.2명 ② 4.8명 ③ 5.0명 ④ 5.4명

17 위 표를 보고 판단한 것 중 옳은 것을 〈보기〉에서 모두 고르면?

┤ 보기 ├

ㄱ. 고등학교가 초등학교에 비하여 영양사 충원율은 높지만 조리사 충원율은 낮다.

ㄴ. 중학교의 경우 영양사 충원율은 조리사 충원율보다 높다.

ㄷ. 전체 영양사 중 정규직은 약 65 %이고 비정규직은 약 35 %이다.

① ㄱ, ㄴ ② ㄱ, ㄷ ③ ㄴ, ㄷ ④ ㄱ, ㄴ, ㄷ

18 다음 〈표〉는 어느 해의 산림조사 자료이다. 이 자료에 대한 〈보기〉의 진술 중에서 옳은 것을 모두 고르면?

〈표〉 산림종류별 산림축적량과 산림면적

구분	침엽수림	활엽수림	혼합림	합계
산림축적량(m³)	2,000	1,200	1,300	4,500
산림면적(ha)	250	150	200	600

※ 1) 산림축적량 : 산림에 식재되어 있는 나무가 갖는 목재의 부피
　 2) 평균축적량 : 침엽수림, 활엽수림, 혼합림 축적량의 평균
※ 산림은 침엽수림, 활엽수림, 혼합림 세 종류로 구분됨.

┤ 보기 ├

ㄱ. 산림축적량이 산림종류별로 300 m³씩 증가한다면 전체 산림의 평균축적량은 1,800 m³가 된다.

ㄴ. 산림면적당 산림축적량은 침엽수림이 혼합림보다 작다.

ㄷ. 산림축적량의 총량이 5% 증가해도 산림종류별 산림축적량의 비율은 변하지 않는다.

ㄹ. 산림축적량이 산림종류별로 10%씩 증가한다면 전체 산림의 평균축적량은 1,650 m³가 된다.

① ㄱ, ㄴ ② ㄱ, ㄹ ③ ㄷ, ㄹ ④ ㄱ, ㄴ, ㄷ

[19~20] 다음 〈표〉에 대한 설명으로 옳은 것을 〈보기〉에서 모두 고른 것은?

〈표 1〉 성별 노인 인구 추이

(단위 : 천명)

구분	1990	1995	2000	2005	2010	2020	2030
전체	2,195	2,657	3,395	4,383	5,354	7,821	11,899
남자	822	987'	1,300	1,760	2,213	3,403	5,333
여자	1,373	1,670	2,095	2,623	3,141	4,418	6,566

※ 노인 인구 : 65세 이상 인구
※ 성비 : 여자 100명당 남자의 수

〈표 2〉 노년부양비와 노령화지수

(단위 : %)

구분	1990	1995	2000	2005	2010	2020	2030
노년부양비	7.4	8.3	10.1	12.6	14.9	21.8	37.3
노령화지수	20.0	25.2	34.3	47.4	66.8	124.2	214.8

$$※ \ 노년부양비 = \frac{65세 \ 이상 \ 인구}{15{\sim}64세 \ 인구} \times 100$$

$$※ \ 노령화지수 = \frac{65세 \ 이상 \ 인구}{0{\sim}14세 \ 인구}$$

19 다음 〈예측〉의 x에 들어갈 숫자로 알맞은 것은?

┌─| 예측 |───

2020년에는 15~64세 인구 x명이 노인 1명을 부양하게 될 것이다.

① 4.6 ② 7.9 ③ 12.6 ④ 21.8

20 옳은 것을 〈보기〉에서 모두 고른 것은?

┌─| 보기 |───

ㄱ. 2005년 노인 인구의 성비는 10년 전보다 낮아졌다.

ㄴ. 2020년의 0~14세 인구 100명당 노인 인구는 1990년의 0~14세 인구 100명당 노인 인구의 6배 이상이다.

ㄷ. 2005년 노년부양비는 10년 전에 비해 4.3 %p 증가하였고, 2005년에 비해 2020년에는 9.2 %p 증가할 것이다.

① ㄴ ② ㄱ, ㄷ ③ ㄱ, ㄷ ④ ㄴ, ㄷ

3교시 | 문제해결능력

총 20문항 20분

01 다음은 유행성 독감과 예방접종에 대해 설명한 것이다. 일을 하지 못하는 일수만큼 소득이 줄어든다고 할 때, 무료 예방접종을 할 것인지에 대한 의사결정의 이유로 가장 타당한 것은? (단, 의사결정자는 소득극대화를 추구한다.)

> 유행성 독감에 걸리면 60일 동안 일을 할 수 없다. 이 독감의 예방접종은 무료이다. 하지만 예방접종은 부작용으로 마비가 더 많이 일어나게 한다. 마비가 일어나면 60일 동안 일을 할 수 없고, 마비와 함께 독감에 걸릴 경우 70일 동안 일을 할 수 없다. 예방접종을 하지 않으면 독감에 걸릴 확률이 1/20이다. 예방접종을 하면 독감에 걸릴 확률이 1/20,000로 낮아진다. 그리고 예방접종을 하지 않았을 때 마비가 일어날 확률은 1/200,000인 반면에 예방접종을 하면 마비가 일어날 확률이 1/200로 높아진다.

① 예방접종을 하면 일할 수 없는 일수가 줄어들 것으로 기대되므로 예방접종을 하는 것이 좋다.

② 예방접종을 하면 독감에 걸릴 확률이 1/20에서 1/20,000로 1,000배나 낮아지기 때문에 예방접종을 하는 것이 좋다.

③ 예방접종을 하면 독감에 걸릴 확률보다 마비가 일어날 확률이 더 높아지기 때문에 예방접종을 하지 않는 것이 좋다.

④ 예방접종을 하면, 마비가 일어날 확률이 1/200,000에서 1/200로 1,000배나 높아지기 때문에 예방접종을 하지 않는 것이 좋다.

02 다음 〈면접방식〉으로 면접을 진행할 때, 심층면접을 할 수 있는 최대 인원수와 마지막 심층면접자의 기본면접 종료 시각을 옳게 짝지은 것은?

〈면접방식〉

ㅇ 면접은 기본면접과 심층면접으로 구분된다. 기본면접실과 심층면접실은 각 1개이고, 면접대상자는 1명씩 입실한다.

ㅇ 기본면접과 심층면접은 모두 개별면접의 방식을 취한다. 기본면접은 심층면접의 진행 상황에 관계없이 10분 단위로 계속되고, 심층면접은 기본면접의 진행 상황에 관계없이 15분 단위로 계속된다.

ㅇ 기본면접을 마친 면접대상자는 순서대로 심층면접에 들어간다.

ㅇ 첫 번째 기본면접은 오전 9시 정각에 실시되고, 첫 번째 심층면접은 첫 번째 기본면접이 종료된 시각에 시작된다.

ㅇ 기본면접과 심층면접 모두 낮 12시부터 오후 1시까지 점심 및 휴식 시간을 가진다.

ㅇ 각각의 면접 도중에 점심 및 휴식 시간을 가질 수 없고, 1인을 위한 기본면접 시간이나 심층면접 시간이 확보되지 않으면 새로운 면접을 시작하지 않는다.

ㅇ 기본면접과 심층면접 모두 오후 1시에 오후 면접 일정을 시작하고, 기본면접의 일정과 관련 없이 심층면접은 오후 5시 정각에는 종료되어야 한다.

※ 면접대상자의 이동 및 교체 시간 등 다른 조건은 고려하지 않는다.

   인원수   종료 시각

① 27명   오후 2시 30분

② 27명   오후 2시 40분

③ 28명   오후 2시 30분

④ 28명   오후 2시 40분

03 건강보험공단의 어느 한 업무담당자에게 10월 1일 이전에 5개의 업무가 배정되었고, 업무 시작일은 10월 1일이다. 각 업무에 대한 도착순서, 업무처리소요일 및 마감기한일은 〈표〉와 같다. 각 업무의 순서를 결정하기 위한 〈우선순위 결정규칙〉이 다음과 같다고 물음에 답하시오.

〈표〉 업무별 도착순서, 업무처리 소요일 및 마감기한일

업무	도착순서	업무처리 소요일	마감기한일
A	1	6	10월 8일
B	2	2	10월 6일
C	3	8	10월 18일
D	4	3	10월 15일
E	5	9	10월 23일

〈우선순위 결정규칙〉

○ FCFS(first come first serve) : 먼저 도착한 순서대로 업무를 처리한다.
○ SPT(shortest processing time) : 업무처리 소요일이 적은 순서대로 업무를 처리한다.
○ EDD(earliest due date) : 마감기한일이 이른 순서대로 업무를 처리한다.

※ 업무처리 소요일 1일은 당일업무시작 시부터 당일업무마감 시까지로 함.
※ 업무는 휴일없이 계속 진행되고, 동시에 두 가지 업무를 수행할 수 없으며, 주어진 업무 이외에 다른 업무는 없음.

03 FCFS 규칙으로 업무의 순서를 배정한 경우, 업무 D까지의 업무처리 완료일은?

① 10월 8일　　　　② 10월 11일　　　　③ 10월 15일　　　　④ 10월 19일

04 SPT 규칙으로 업무의 순서를 배정한 경우, 업무 D까지의 업무처리 완료일은?

① 10월 5일　　　　② 10월 8일　　　　③ 10월 11일　　　　④ 10월 15일

05 다음 〈보기〉의 판단에 대해서 적절하게 서술한 것은?

---| 보기 |---

ㄱ. FCFS 규칙으로 업무의 순서를 배정한 경우, 마감기한일을 넘겨서 완료된 업무는 C, D, E이다.

ㄴ. EDD 규칙으로 업무의 순서를 배정한 경우, 마감기한일을 넘겨서 완료된 업무는 C, E이다.

① ㄱ과 ㄴ은 둘 다 맞다.

② ㄱ은 맞고, ㄴ은 틀리다

③ ㄱ은 틀리고, ㄴ은 맞다.

④ ㄱ과 ㄴ은 둘 다 틀리다.

06 정부는 농어민의 소득증대를 지원하기 위하여 농가부업소득과 전통주 제조 소득 중 일정 부분에 대하여는 과세하지 않고 있다. 〈과세규칙〉을 참고하여, 연간 소득이 〈표〉와 같은 농민의 소득세 과세대상 소득을 계산하면?

〈표〉 농민의 소득

○ 축산부업소득 : 40,000,000원 (젖소 40마리)

○ 고공품 제조 소득 : 5,000,000원

○ 전통차 제조 소득 : 6,000,000원

○ 전통주 제조 소득 : 18,000,000원

〈과세규칙〉

규칙 1 : 농가부업소득의 경우

    1) <별표> 규모 이내의 사육두수에서 발생하는 소득은 전액 비과세한다.

    2) <별표> 규모를 초과하는 사육두수에서 발생하는 축산부업소득과 기타 부업소득을 합하여 연간 1,200 만 원까지 비과세한다.

※ 농가부업소득이란 농어민이 부업으로 영위하는 축산·양어·고공품제조·민박·음식물판매·특산물제조·전통차 제조소득을 말한다.

〈 별 표 〉

(단위 : 마리)

가축	사육두수	가축	사육두수
젖소	30	면양	300
소	30	토끼	5,000
돼지	200	닭	10,000
산양	300	오리	10,000

※ 단, 축산부업에 있어서 가축별로 각각의 마리당 발생하는 소득은 동일하다고 가정한다.

규칙 2 : 전통주 제조 소득의 경우

    전통주 제조에서 발생하는 소득이란 법 소정 요건을 구비하는 주류를 농어촌지역에서 제조함으로써 발생하는 소득으로서 소득금액의 합계액 중 연간 1,200만원까지 비과세한다.

---

① 9,000,000원   ② 10,000,000원   ③ 15,000,000원   ④ 16,000,000원

[7~8] 건강보험공단에 근무하는 A는 저소득층의 건강보험보장 확대를 위해 세 가지 방안을 마련하여 최종적으로 하나의 방안을 정부에 제출하고자 한다. 정부 제출 후, 승인받을 경우와 승인받지 못할 경우의 비용과 편익을 검토한 결과는 다음 〈표〉와 같았다. 보고 물음에 답하시오.

〈표〉각 방안의 채택 확률 및 비용과 편익

구분	승인여부	확률	편익	비용
방안 A	승인(가결)	0.7	300	200
	비승인(부결)	0.3	200	200
방안 B	승인(가결)	0.5	400	300
	비승인(부결)	0.5	100	200
방안 C	승인(가결)	0.3	500	400
	비승인(부결)	0.7	300	100

주 : 순편익 = 편익 − 비용
　　기대순편익 = $\sum$(확률×순편익)

07 기대 순편익에 의거해 판단할 때, 선호하는 순서대로 나열한 것은?

① A - B - C
② A - C - B
③ C - A - B
④ C - B - A

08 〈보기〉 중 A가 취할 행동으로 적절한 것을 모두 고르면?

┌─| 보기 |───┐
ㄱ. 저소득층 노인의 소득보장이 매우 시급하여 제도의 시급한 도입을 방안 선택의 기준으로 한다면 A방안을 제출할 것이다.
ㄴ. 입법화 될 경우에 발생할 편익만을 고려한다면 B방안을 가장 우선적으로 제출하고자 할 것이다.
ㄷ. 입법화 되지 못할 경우의 순편익에 의거해 판단한다면 C방안보다는 B방안을 제출할 것이다.
└───┘

① ㄱ
② ㄱ, ㄴ
③ ㄱ, ㄷ
④ ㄴ, ㄷ

[9~10] 건강보험공단의 김과장은 오후 2시 회의에 참석하기 위해 대중교통을 이용하여 총 10km를 이동해야 한다.

| 조건 |

1) 회의에 지각해서는 안 되며, 오후 1시 40분에 대중교통을 이용하기 시작한다.

2) 회의가 시작되기 전에 먼저 도착하여 대기하는 시간을 비용으로 환산하면 1분당 200원이다

3) 이용가능한 대중교통은 버스, 지하철, 택시만 있고, 출발지에서 목적지까지는 모두 직선노선이다.

4) 택시의 기본요금은 2,000원이고 2km마다 100원씩 증가하며, 2km를 1분에 간다.

5) 택시의 기본요금으로 갈 수 있는 거리는 2km이다.

6) 지하철은 2km를 2분에 가고 버스는 2km를 3분에 간다. 버스와 지하철은 2km마다 정거장이 있고, 동일노선을 운행한다.

7) 버스와 지하철 요금은 1,000원이며 무료환승이 가능하다.

8) 환승은 버스와 지하철, 버스와 택시 간에만 가능하고, 환승할 경우 소요시간은 2분이며 반드시 버스로 4정거장을 가야만 한다.

9) 환승할 때 느끼는 번거로움 등을 비용으로 환산하면 1분당 450원이다.

---

09 〈조건〉을 고려했을 때, 가능한 경우 중 가장 시간이 적게 드는 방안에 들어가는 총비용(환산비용까지 포함)은?

① 2,000원 ② 3,000원 ③ 4,900원 ④ 5,500원

10 위 〈조건〉을 고려했을 때, 비용이 두 번째로 적게 드는 방법은?

① 택시만 이용해서 이동한다.
② 버스만 이용해서 이동한다.
③ 버스와 택시를 환승하여 이동한다.
④ 버스와 지하철을 환승하여 이동한다.

[11~12] 다음 상황을 참고보고 물음에 답하시오.

> 최근 들어 공기업에 도입되었던 임금피크제는 일정 연령에 도달하거나 일정 연봉을 초과한 직원에게 정년을 보장해 주는 대신 연봉을 삭감하는 제도이다. 어떤 공기업 A의 직원정년은 58세이며, 임금피크제의 적용을 받기 전까지 50세 이상 직원의 연봉은 { 5,500 + (연령 − 50) × 200 } 만원이다. A 회사에서 채택한 임금피크제는 다음과 같다.
>
> > A 회사 : 직원의 연령이 56세가 되면 55세 때 연봉의 75%, 57세가 되면 55세 때 연봉의 60%, 58세가 되면 55세 때 연봉의 50%를 지급
>
> 현재 나이가 54세인 회사원 甲은 31세 되는 해에 A회사에 입사하여 현재까지 근무하고 있다. A 회사의 54세 이상 직원은 매년 연말에 명예퇴직을 결정할 수 있고, 명예퇴직을 할 때, {(근무년수) × (재직 중 연봉 최고액) × 0.1}에 상당하는 퇴직금과 함께 {(정년까지 남아있는 기간(년수)) × (현재 연봉)}에 상당하는 명예퇴직금도 추가로 받게 된다.

11 甲이 57세까지 다닌다고 하면, 이 때 받는 연봉은 얼마인가?

① 6,300만원　　　　② 4,875만원　　　　③ 3,900만원　　　　④ 3,250만원

12 甲이 54세부터 회사로부터 받는 연봉의 합계액을 계산하면 정년을 채웠을 때 연봉의 합계액은?

① 1억 7,675만원　　② 2억 1,575만원　　③ 2억 4,825만원　　④ 3억 1,205만원

13 甲이 명예퇴직을 한다면, 회사로부터 받는 총소득에 근거하여 판단하면 몇 세에 하는 것이 가장 경제적으로 이득인가?

① 54세　　　　　　② 55세　　　　　　③ 56세　　　　　　④ 57세

14 외국에서 협력사의 대표일행들이 건강보험공단에 방문했다. 본사에서 일정을 마치고 제주도에서 열리는 포럼으로 이동할 수 있게 A담당자는 이동 일정을 짜고 있다. 제주도까지 가는 데 있어서 여러 가지 방법이 논의되고 있다. 다음 표는 각 교통수단들에 대해 10점 만점을 받아야 하는 절대고려 요소와, 어느 정도 성취해도 되는 상대고려 요소를 파악하여 작성한 표이다. 각 목표의 가중치까지 고려할 때, A담당자가 택할 방법은?

		가중치	각 수단별 평점				
			국적항공	민간항공	민간항공 2	전세항공	선박
절대고려요소	안전성	-	10	10	9	10	8
고려요소	경제성	80	7	8	10	7	9
	편이성	100	9	9	9	10	7
	관광성	70	8	7	10	8	10
	홍보성	90	8	9	9	9	9

① 국적항공　　　　　② 민간항공　　　　　③ 민간항공 2　　　　　④ 전세항공

[15~16] 다음 제시문을 읽고 주어진 〈조건〉을 바탕으로 하여 물음에 답하시오.

> 해인사에 소장되어 있는 팔만대장경은 정확하게 81,258장의 경판으로 구성되어 있으며, 경판의 크기는 가로 약 73cm, 세로 약 26cm, 두께는 약 3.5cm이다. 경판 1장에 새겨져 있는 글자 수는 1면에 300여 자씩, 양면에 600여 자이므로 총 5천만 자가 넘는데 오탈자가 거의 없다.
>
> 경판을 만드는 데 사용된 나무는 한반도 전역에 자생하는 산벚나무이며, 채집한 원목을 갯벌에 3년 간 묻어 두었다가 꺼내 경판을 제작한 뒤 글을 새겼다.

─| 조건 |─
○ 경판의 수는 8만 장, 총 글자 수는 5천만 자로 가정하며, 각 경판의 글자 수는 동일한 것으로 한다.
○ 제작공정은 원목채집, 경판제작(원목을 가공하여 경판을 만드는 일), 필사(종이에 글을 쓰는 일), 판각(경판에 글을 새기는 일) 등 네 가지로 구성된다.
○ 원목채집은 1월 1일에 시작하며, 채집된 원목은 그 다음해 1월 1일부터 3년 간 갯벌에 묻어둔다.
○ 갯벌에서 꺼낸 원목으로 경판을 제작하는데, 원목 1개로 경판 100장을 만든다.
○ 판각은 경판 1만 장이 제작된 후에 시작한다.
○ 1인이 1년 간 작업할 수 있는 양은 원목채집의 경우 원목 10개, 경판제작의 경우 경판 100장, 필사의 경우 25만 자, 판각의 경우 1만 자이다.
○ 공정별로 매년 동원할 수 있는 최대 인력은 원목채집 10명, 경판제작 100명, 필사 40명, 판각 500명이다.

15 팔만대장경을 제작하는 경우, 채집부터 8만장의 경판이 나오기까지 경판 만드는 데만 걸리는 시간은?

① 8년 ② 9년 ② 12년 ④ 15년

16 팔만대장경을 제작하는 경우, 소요되는 최단 기간은?

① 14년 ② 15년 ② 16년 ④ 23년

17 다음 글과 〈상황〉을 근거로 판단할 때, A가 3월 출장여비로 받을 수 있는 총액은?

○ 출장여비 기준
  - 출장여비는 출장수당과 교통비의 합이다.
  1) 세종시 출장
    - 출장수당 : 1만 원
    - 교통비 : 2만 원
  2) 세종시 이외 출장
    - 출장수당 : 2만 원(13시 이후 출장 시작 또는 15시 이전 출장 종료 시 1만 원 차감)
    - 교통비 : 3만 원
○ 출장수당의 경우 업무추진비 사용 시 1만 원이 차감되며, 교통비의 경우 관용차량 사용 시 1만 원이 차감된다.

<table>
<tr><th colspan="4">〈상 황〉</th></tr>
<tr><th>A의 3월 출장내역</th><th>출장지</th><th>출장 시작 및
종료 시각</th><th>비고</th></tr>
<tr><td>출장 1</td><td>세종시</td><td>14시~16시</td><td>관용차량 사용</td></tr>
<tr><td>출장 2</td><td>인천시</td><td>14시~18시</td><td></td></tr>
<tr><td>출장 3</td><td>서울시</td><td>09시~16시</td><td>업무추진비 사용</td></tr>
</table>

① 6만 원   ② 7만 원   ③ 8만 원   ④ 10만 원

18 다음 〈상황〉을 근거로 판단할 때, 짜장면 1그릇의 가격은?

┤ 상황 ├

○ A 중식당의 각 테이블별 주문 내역과 그 총액은 아래 <표>와 같다.
○ 각 테이블에서는 음식을 주문 내역별로 1그릇씩 주문하였다.

<table>
<tr><th colspan="3">〈표〉</th></tr>
<tr><th>테이블</th><th>주문 내역</th><th>총액(원)</th></tr>
<tr><td>1</td><td>짜장면, 탕수육</td><td>17,000</td></tr>
<tr><td>2</td><td>짬뽕, 깐풍기</td><td>20,000</td></tr>
<tr><td>3</td><td>짜장면, 볶음밥</td><td>14,000</td></tr>
<tr><td>4</td><td>짬뽕, 탕수육</td><td>18,000</td></tr>
<tr><td>5</td><td>볶음밥, 깐풍기</td><td>21,000</td></tr>
</table>

① 4,000원   ② 5,000원   ③ 6,000원   ④ 7,000원

[19~20] 다음은 건강보험공단의 NCS 시험을 치르는 지원자들의 의사소통과 수리, 그리고 문제해결에 대한 실력을 알아보기 위해 설문조사를 하고 실제 시험을 치른 결과이다. 자신이 원래 의사소통을 잘한다고 한 사람이 30%, 수리를 잘한다고 한 사람이 40%, 문제해결을 잘한다고 한 사람이 30%였다. 실제의 결과가 다음과 같을 때, 이를 보고 물음에 답하시오.

---| 결과 |---

○ 실제로 의사소통을 잘한다고 한 사람이 의사소통을 가장 잘 했을 확률은 60%, 수리를 가장 잘했을 확률은 10%, 문제해결을 가장 잘 했을 확률은 30%였다.

○ 수리를 가장 잘한다고 한 학생이 의사소통을 가장 잘 했을 확률은 20%, 수리를 가장 잘 했을 확률은 50%, 문제해결을 가장 잘 했을 확률은 30%였다.

○ 문제해결을 가장 잘한다고 한 학생이 실제로 의사소통을 가장 잘 했을 확률은 30%, 수리를 가장 잘했을 확률은 20%, 문제해결을 가장 잘 했을 확률은 50%였다.

19 지원자가 총 10,000명이라고 가정한다면, 자신이 잘한다고 한 영역을 실제로 잘 본 사람이 가장 많은 영역의 실제 인원수는?

① 1,500명　　　　② 1,800명　　　　③ 2,000명　　　　④ 2,400명

20 다음 〈판단〉에 대해여 말한 것 중 적절한 것은?

---| 판단 |---

ㄱ. 지원자들이 다른 영역보다 잘 본 것이 가장 많은 영역은 의사소통이다.

ㄴ. 문제해결을 잘 본다고 말한 사람이 문제해결을 잘 본 경우보다, 의사소통 · 수리를 잘한다고 말한 사람들이 문제해결을 잘 본 경우가 더 많았다.

① ㄱ과 ㄴ은 둘 다 맞다.

② ㄱ은 맞고, ㄴ은 틀리다

③ ㄱ은 틀리고, ㄴ은 맞다.

④ ㄱ과 ㄴ은 둘 다 틀리다.

건강보험공단 NCS 직업기초 능력평가
제 2 회 최종 모의고사

이름

음시번호

①	①	①	①	①	①
②	②	②	②	②	②
③	③	③	③	③	③
④	④	④	④	④	④
⑤	⑤	⑤	⑤	⑤	⑤
⑥	⑥	⑥	⑥	⑥	⑥
⑦	⑦	⑦	⑦	⑦	⑦
⑧	⑧	⑧	⑧	⑧	⑧
⑨	⑨	⑨	⑨	⑨	⑨
⓪	⓪	⓪	⓪	⓪	⓪

1교시 의사소통능력

번호	답안
01	① ② ③ ④
02	① ② ③ ④
03	① ② ③ ④
04	① ② ③ ④
05	① ② ③ ④
06	① ② ③ ④
07	① ② ③ ④
08	① ② ③ ④
09	① ② ③ ④
10	① ② ③ ④
11	① ② ③ ④
12	① ② ③ ④
13	① ② ③ ④
14	① ② ③ ④
15	① ② ③ ④
16	① ② ③ ④
17	① ② ③ ④
18	① ② ③ ④
19	① ② ③ ④
20	① ② ③ ④

2교시 수리능력

번호	답안
01	① ② ③ ④
02	① ② ③ ④
03	① ② ③ ④
04	① ② ③ ④
05	① ② ③ ④
06	① ② ③ ④
07	① ② ③ ④
08	① ② ③ ④
09	① ② ③ ④
10	① ② ③ ④
11	① ② ③ ④
12	① ② ③ ④
13	① ② ③ ④
14	① ② ③ ④
15	① ② ③ ④
16	① ② ③ ④
17	① ② ③ ④
18	① ② ③ ④
19	① ② ③ ④
20	① ② ③ ④

3교시 문제해결능력

번호	답안
01	① ② ③ ④
02	① ② ③ ④
03	① ② ③ ④
04	① ② ③ ④
05	① ② ③ ④
06	① ② ③ ④
07	① ② ③ ④
08	① ② ③ ④
09	① ② ③ ④
10	① ② ③ ④
11	① ② ③ ④
12	① ② ③ ④
13	① ② ③ ④
14	① ② ③ ④
15	① ② ③ ④
16	① ② ③ ④
17	① ② ③ ④
18	① ② ③ ④
19	① ② ③ ④
20	① ② ③ ④

건강보험공단
N C S
직 업 기 초
능 력 평 가

정답 및 해설

제1회 정답 및 해설

의사소통능력

01	02	03	04	05	06	07	08	09	10
③	④	④	④	②	④	①	①	③	③
11	12	13	14	15	16	17	18	19	20
②	④	①	④	④	④	③	③	②	③

01 ③

① "특별히 하는 일없이 시간만 주어졌을 때 우리는 몰입과는 정반대의 현상인 심리적 혼돈과 무기력 상태를 경험한다. 이것이 중독행동이 나타나기 위한 준비상태가 된다"

② "이에 비해 자기 통제감이 없는 몰입 상태는 바로 심리적 혼란과 무기력을 야기하며, 이것이 바로 중독 상황이다"

③ "이것이 사이버 중독을 인터넷 몰입으로 전환시키면서 인터넷 이용을 더욱 즐겁고 우리의 생활을 행복하게 전환시키는 방법이다" 가능한 것으로 보고 있다.

④ "사이버 중독의 경우 중독 상태를 유발하는 외적 물질이 없기 때문에 행동 통제의 문제와 직접적으로 관련된 심리상태이다"

02 ④

"균형적 복지의 목표는 경제성장과 분배의 균형을 유지하여 성장 동력을 유지시키고 개인의 행복을 지원하는 정서적 복지를 제공하는 것이다." 사회의 지속적 성장, 국민들의 평균적인 고소득, 건전한 국가재정 들은 그에 따른 결과이다. 하지만 일록의 말에서 초점은 앞부분에 맞춰져 있다. 그래서 "정책의 수단"을 제시하면서 끝난다.

03 ④

무상으로 제공되어야 하기 때문에 필연적으로 하향평준화가 일어날 수밖에 없다. 그러므로 높은 수준의 의료서비스보다는 낮은 수준의 서비스가 제공될 가능성이 훨씬 크고, 따라서 이런 부분에 대한 환자의 만족도도 낮을 것이다.

④ 국가보건서비스방식에서는 모든 국민의 의료서비스에 대한 접근권이 보장되므로 소득재분배효과가 클 뿐 아니라 신속하게 높은 수준의 의료서비스를 제공할 수 있어 상대적으로 환자의 만족도가 높은 편이다.

① 국민건강보험방식과 가장 큰 차이가 바로 국가 내 보험자가 1개가 아니라는 것이다.

② 소득수준에 따라 낮은 수준의 서비스를 제공하는 보험에 가입해야 하는 사람도 있고, 사정에 따라 가입이 안된 사람도 있을 수 있다.

③ 국가 1개의 보험자라는 조건에 들어맞는다고 볼 수 있다.

04 ④

앞 단락에서 '방송의 힘이 크다'라는 취지의 말을 한 것은 그것 자체로 중요한 말을 한 것이 아니라, 세 번째 단락의 말을 강조하기 위해서다. 세 번째 단락은 생산적이고 유익한 대중문화 창출을 위해 방송에 대한 경계와 방송 내용의 충실성 확보가 필요하다는 것을 말하고 있다.

05 ②

ㄱ. (×) 글의 정보에 의하면 "문명의 발달로 인구밀도가 높아짐에 따라 이전에는 인간에게 거의 영향을 줄 수 없었던 병원균들이 인간사회의 주변에 생존하면서 질병을 일으키게" 된 것이다. 없던 병원균이 증가한다는 것이 아니고, 있던 것들이 부각된다는 것이다.

ㄴ. (○) 문명이 발달하고 인구밀도가 높아질수록, 인간끼리 병을 옮길 가능성은 더 늘어나게 되는 것이다.

ㄷ. (○) 무역과 교류의 확대는 질병의 확산을 가속시킨 측면이 있다.

ㄹ. (○) 동물의 병이 인간에게 옮기면서 감염하는 질병이 늘게 된다.

ㅁ. (×) 인간이 감염되는 질병은 '도시화와 산업화 이후' 확산이라고는 하지만, 그 전에도 전염병은 존재했었다. 이후에 전염병이 증가하고 확산속도가 빨라진 것뿐이다.

ㅂ. (○) "인간이 식용 목적으로 동물을 사육함에 따라 동물의 질병이 인간에게 전파"된다.

ㅅ. (×) 정주생활을 함에 따라 확대가 가능해진 것이라, 채집과 수렵생활이 주가 되던 때와는 다르다.

06 ④

㉠은 원칙에 따라 할당된 부분에만 충실한 나머지, 다른 사람들과 유기적으로 협력하여 업무를 원활하게 처리하지 못하거나 다른 부서와 연결되어 조직 전체가 하나로서 유연하게 움직이지 못하는 관료제의 폐해를 지적한 것이다. 이러한 경우에 해당하는 예로 가장 적절한 것은 ④이다.

07 ①

사실 위의 예문은 엔트로피 법칙을 설명한 것이다. 하지만 본격적인 논의를 전개하기 전 단계의 글이라 위의 예문에서 일차적으로 얻을 수 있는 주장은 ①번이 더 적절하다.

08 ①

얼핏 자산운용가들은 합리적이지 않다. 혹은 차익거래의 확실성을 높일 수 있는 효율적인 방법을 찾기 어렵다 일 것 같지만 그것은 이 문단들의 한 쪽에만 치우친 지엽적인 견해다. 그 두 가지 이야기와 더 큰 내용들을 포함한 것이 답이 되어야 한다. 세 문단의 내용들은 모두 효율적 자본시장

이라는 이론의 타당성을 의심하게 만드는 예들을 제시하고 있다. 때문에 위의 내용들을 모두 포함하고 있는 ①번이 답이 된다.

09 ③

이것이 활성-합성 가설의 장점이라 했다.

① "꿈의 생리적 메커니즘을 본격적으로 연구하기 시작했다."

② 그런 무의식적 욕망이 아니라고 말하는 것이니까 이것이 가능하게 되리라고 볼 수는 없다.

④ 근육은 이완되니까 몸은 아니다.

10 ③

"우리는 꿈을 생생하게 '눈으로' 본다. 꿈에서 다른 사람의 말을 '귀로' 듣고 '코'와 '혀'로 음식을 맛보기도 한다. 몇 번 뵌 적이 있는 돌아가신 어른을 만나기도 한다. 지각과 기억 기능을 담당하는 대뇌피질이 작동하는 증거다." → 그러니까 이런 자극들은 기억과 관련된다.

① "근육과 연결된 신경을 자극해 온몸의 근육을 완전히 이완시킨다."

② 렘온 세포가 작동하는 동안, 즉 꿈 활동이 '활성'화된 시간에 렘오프 세포는 작동을 멈춘다.

④ "만일 대뇌피질에서 꿈이 합성되는 패턴이 밝혀진다면" 가능하지만 밝혀지지 않았다.

11 ②

그러한 교대적인 작용이 기억의 상실을 유발한다고 나와 있지는 않다. 이 글만 가지고는 알 수 없는 정보다.

① 몸과 달리 두뇌는 깨어서 활동하는 것이다.

③ "정신분석학자들은 꿈의 원인을 과거나 현재의 경험으로부터 찾으려 할 것이다. 예를 들어 이성에 대한 탐닉은 과거의 어느 순간엔가 이루지 못한 소망의 표현이라는 식이다."

④ "자신에게 숨겨진 성격이나 과거의 경험이 꿈에 반드시 반영되는 것은 아니라는 의미"이지 반드시 반영되지 않는다는 것은 아니다.

12 ④

AZT-위약 대조군 실험의 목적은 이 약의 효과 여부를 판단하기 위한 것이지, HIV에 대한 약효 능력을 향상하기 위한 실험이 아니다.

13 ①

개발도상국 보건 관리들은 연구자들 입장에 동의하고 있으며, 선진국과 개발도상국에 동일한 윤리적 가치를 적용할 수 없다는 현실에 동의하고 있다. 그러므로 '의학 연구는 각국의 현실을 고려하여 수행'되어야 한다는 ①번의 입장이 적절하다.

14 ④

보기의 내용의 특징은 HIV에 감염된 임산부들 가운데 실험에 자발적으로 참여하려는 이들에게 실험에 대한 충분히 설명하고 서면 동의를 받았다는 점, 그리고 약물 투여 대상자를 무작위로 배정하였기 때문에 최소한 약물 투여 기회에 있어서 누구나 공평했다는 점이 위약-대조군 실험과 다른 점이다. 바로 이러한 다른 점이 더 윤리적이고 말할 수 있는 근거는 의학 실험을 할 때 피험자에게 충분히 설명하고, 실험을 통한 위험 가능성을 최소화하는 것이 원칙이라는 점에서 더 윤리적이라 할 수 있다.

15 ④

결과상의 공평함을 담보하여 만족을 주지는 않지만, 절차상의 공정함으로 심리적인 만족을 주는 방법이다.
① 결과가 공평하게 되는 것이라는 보장은 없다.
② 인원이 많아지면 곤란하다.
③ 가장 공정한 방법이라는 가치판단은 위험하다. 알 수 없다.

16 ④

경매모델에서는 자신이 선호하는 것에 재화의 가치를 많이 부여한 후 그것에 따라 경매에 참여하면 되니까 적극적으로 반영하는 것이 되지만, 케이크 자르기 모델에서는 상대방의 기호를 짐작하여 자르거나, 상대방이 자른 대로 선택을 해야 하는 등 자신의 욕구가 아주 적극적으로 반영된다고 보긴 어렵다.
① 둘 다 재화의 양이나 질이 아니라 주관적으로 느껴지는 재화의 가치라고 할 수 있다.
② 둘 다 절차상의 공정성을 기함으로 불만을 없애려는 것이지, 결과가 공정하게 되리라고 전제하는 방법은 아니다.
③ 경매모델의 경우 4명 이상일 경우에만 가능한 것은 아니다. 다수라도 쓸 수 있는 방법이지, 방법을 보면 단 두 명이라도 얼마든지 가능한 방법이다. 예 자체가 이혼한 부부로 2명이 참가하는 예다.

17 ③

경매 같은 경우는 원하는 물건이 하나만 있을 때 문제가 된다. 모든 구매력을 거기에 집중시키고, 혹 한 사람한테 낙찰이 되도 남은 물품들이 모두 원하지 않는 물품일 때는 절차상의 문제로도 해결이 안 된다.
① 구조상 모든 사람이 한꺼번에 참가한다는 것은 불가능하다. 그런 모델은 경매모델이라 할 수 있다.
② 뒤에서 선택하는 사람이 큰 것을 선택하면 되니까 상관없다. 결과의 공정함을 담보하는 방법이 아니라 절차의 공정함을 담보하는 방법이니까 절차상 하자는 없다.
④ 처음 방법 자체가 구매력을 공평하게 나누는 것이므로 이런 비판은 이 모델의 내용을 파악하지 못한 비판이 된다.

18 ③

ㄱ. (×) 우리 몸에 내재한 에탄올이 아니다. 물을 이용하는 것이고, 위에서 에탄올 얘기가 나온 것은 예를 들기 위해서이다.
ㄴ. (○) 물의 농도차를 이용해 속을 들여다보는 것이니까 동일한 재질이라면 그 속을 들여다보기 쉽지 않을 것이다.
ㄷ. (○) "검사로 인한 통증이나 부작용, 유해성이 없다는 장점이 있다."
ㄹ. (×) CT나 핵의학영상에 비해 안전한 방법이라고는 나와 있지만 MRI가 가장 정확한 방법이라는 진술은 찾을 수 없다.
ㅁ. (×) MRI 기술이 아니라 정확도를 높이는 조영제를 개발했다는 것이다. 전체 MRI 기술로 보기에는 적절하지 않다.

19 ②

인위적으로 약품처리를 해서 관찰을 보다 쉽게 하는 것을 말한다. 가장 유사한 사례는 ②번이다.

20 ③

① "진단의 유용성에 따라 전문가 결정하는 문제가 따"른다는 것이지 두 번 이상은 안된다는 확정적인 진술은 아니다.
② 0.7 mm 가지고는 분자수준이라고 말 못한다. "NMR의 적용 범위를 분자 크기에서 cm단위로 확장해 몸속의 물을 구성하는 수소를 조사하면 인체 내부를 들여다 볼 수 있지 않을까" 하는 생각에서 MRI가 나왔다는 것이다.
③ "게다가 그동안 촬영하기 힘들었던 뇌까지 MRI로 또렷한 영상을 얻는 것이 가능해졌다."
④ CT 촬영과 비교했을 때 어떤지는 알 수 없다.

2교시 수리능력

01	02	03	04	05	06	07	08	09	10
③	③	④	④	③	③	③	④	④	③

11	12	13	14	15	16	17	18	19	20
②	④	②	②	④	①	②	④	②	②

01 ③

그림 2에서 20세 이상의 남성의 경우 70세 이상에서는 오히려 감소하였으므로 틀린 지문이다.

① 그림 1에서 19세 이하의 경우 각 연령 대에서 모두 남성의 총진료비가 많음.

② 그림 1에서 20세 이상의 경우 각 연령 대에서 모두 여성의 총진료비가 많음.

④ 총진료비 차이는 막대그래프의 크기 차이가 가장 큰 20-29세에서 가장 크고 차이가 가장 작은 것은 1세 미만이 맞다.

02 ③

ㄱ. (○) BT는 11.2%고, NT는 5.4%이므로 두 배 이상이 된다.

ㄴ. (○) 기업체의 IT, NT분야 연구개발비의 비중은 각각 41.0%와 13.4%인데 이를 합하면 54.4%가 되어서 50% 이상이라는 것을 알 수 있다.

ㄷ. (×) 이 그래프가 비중만 주어진 그래프이기 때문에, 다른 기관 간에 개발비를 비교할 수는 없다.

03 ④

ㄱ. (○) 흡연자 폐암발생률 $\frac{300}{1,000} \times 100 = 30\%$

비흡연자 폐암발생률 $\frac{300}{10,000} \times 100 = 3\%$ 로서 10배가 높다.

ㄴ. (○) 위의 비율을 100명 기준으로 보면 흡연자의 폐암 발생 수는 27명 더 많다.

ㄷ. (○) A= 30%, B=3% 로서 참고에 따른 기여율은

$\frac{30-3}{30} \times 100 = 90\%$

ㄹ. (×) 조사대상 전체 인구의 폐암발생률 $\frac{600}{11,000} \times 100 =$ 5.45 %

조사대상 전체인구의 흡연자 비율 $\frac{1,000}{11,000} \times 100 =$ 9.09% 로 낮다.

04 ④

① '2008년만 해도, 운동부족과 고혈압의 순위가 바뀌어 있다.

② 2008 : $\frac{35}{419} = 0.084$, 2009 : $\frac{42}{554} = 0.076$, 2010 : $\frac{67}{715}$ = 0.094다.

③ 2008 : $\frac{56}{419} = 0.134$, 2009 : $\frac{87}{554} = 0.157$, 2010 : $\frac{111}{715}$ = 0.155

⑤ 2007: $\frac{65}{359} = 0.181$, 2008: $\frac{72}{419} = 0.172$, 2009: $\frac{90}{554}$ = 0.162, 2010: $\frac{117}{715} = 0.164$

05 ③

2008 : $\frac{62-51}{51} = 0.216$, 2009 : $\frac{84-62}{62} = 0.355$, 2010 : $\frac{101-84}{84} = 0.202$로 질병비용의 전년대비 증가율이 가장 큰 해는 2009년으로 35.5%가 증가했다.

06 ③

첫 번째와 두 번째 조건을 참고하면 출판과 영화는 각각 A와 D다. 단 아직 어느 것이 출판이고 영화인지는 확실하지는 않다.

보기를 참고하면 B와 E가 방송 또는 음악이라는 사실을 알 수 있다. 실제로 세 번째 조건과도 일치한다.

E는 음악산업일 수가 없다. 그러면 A와 결합하든 D와 결합

하든 일본이 가장 큰 게 된다. 그러므로 E는 방송산업이다.

국가\산업	중국	일본	인도	미국
A (출판 또는 영화)	21,489	24,858	24,533	90,870
B	1,665	9,431	2,061	306
E	7,328	68,494	26,594	1,324
D (출판 또는 영화)	824	5,189	2,759	8,767

B가 음악산업이라면 출판과 결합해서 미국이 가장 크게 되려면 A가 출판산업이 되어야 한다. D가 출판이라면 B와 결합해서는 미국이 가장 크게 되지는 못하기 때문이다.

07 ③
의사소통 영역별 총점
$365 = (20 \times 6) + (10 \times 6.5) + (15 \times A) + (15 \times 6)$, A=6
수리 영역별 총점
$320 = (20 \times B) + (10 \times 5.5) + (15 \times 5) + (15 \times 6)$, B=5

08 ④
ㄱ. (×) '나' 대학교 의사소통평균 $= \dfrac{(15 \times 6) + (15 \times 6)}{15명 + 15명} = 6$

'가' 대학교 의사소통평균 $= \dfrac{(20 \times 6) + (10 \times 6.5)}{20명 + 10명}$
$= 6.16$

ㄴ. (○) '가' 대학교 여학생의 3과목 평균
$= \dfrac{(10 \times 6.35) + (10 \times 5.5) + (10 \times 5)}{10명 + 10명 + 10명} = 5.6$

'가' 대학교 남학생의 3과목 평균
$= \dfrac{(20 \times 6) + (20 \times 5) + (20 \times 5)}{20명 + 20명 + 20명} = 5.3$

ㄷ. (○) 전체 남학생의 문제해결평균 $= \dfrac{(20 \times 5) + (15 \times 6)}{20명 + 15명}$
$= 5.42$

전체 여학생의 문제해결평균 $= \dfrac{(10 \times 5) + (15 \times 5)}{10명 + 15명}$
$= 3.57$

09 ④
10개월 미만의 생존비율은 70% 정도로 30% 정도가 폐업을 했다는 말이다.
① 창업교육을 이수한 사람의 그래프가 조금 더 위쪽에 존재해서 조금 더 오래 살아남는다는 것을 알 수 있다.
② 그래프와 정반대의 결과다.
③ 46, 48개월쯤에 차이가 가장 크다.

10 ③
지분율 상위 4개 회원국은 중국, 인도, 러시아, 독일이다. 이들의 투표권 비율의 합은 $26.06 + 7.51 + 5.93 + 4.15 = 43.65\%$

11 ②
ㄱ. (○) 인도의 경우 8.52-7.51=1.01 차이가 난다. 하지만 다른 나라들은 1차이가 채 나지 않는다.
ㄴ. (×) 전체 지분율은 70.87이다. 이 때 B지역의 지분율의 합은 21.02가 된다. A지역의 합은 49.85라는 말이다. 그러므로 3배 차이까지는 나지 않는다.
ㄷ. (○) 독일과 프랑스의 지분율의 합이 8.01이 된다. 160억 달러가 되면 8%니까 이것보다 조금 더 많다.

12 ④
② 현장실습 참여직원은 전체 85명 정도다. 한국은 약 18명, 홍콩은 약 50명, 일본은 약 12명, 중국은 5명이다. 한국의 비중은 21%, 홍콩은 59%, 일본은 14%, 중국은 6% 정도다 맞는 그래프다.
④ 홍콩의 경우 232명의 90.9%가 참여했으므로 참여인원은 약 211명이 되어야 하는데, 그래프 상으로는 190명이므로 이 부분이 적절하지 않다.

13 ②
ㄱ: 이윤을 매출액 − 총비용이라고 정의하면 (○)
ㄴ: B왼쪽에서는 비용이 매출액보다 크므로 손해이다. 따라서 (×)
ㄷ: 생산량이 늘어나면 B점의 오른쪽으로 가게 되고 그렇다면 매출액이 총비용보다 크기 때문에 이득을 보게 된다. (○)
ㄹ: 매출액 1,000만원 생산량 만개 이므로 단위당 가격은 1,000원이다. 따라서 (×)

14 ②
A지역의 15~64세 이상 인구를 Y라고 한다면

총부양비 $= \dfrac{0{\sim}14세 인구 + 65세 이상 인구}{15{\sim}64세 인구} \times$

$100 = \dfrac{총인구 - 65세 이상 인구}{15{\sim}64세 인구} \times 100$

$= \dfrac{4,000 - Y}{Y} \times 100 = 60$ 이다. 따라서 Y = 2,500명

15 ④

0 ~ 14세 인구를 X라 하고, 15~64세 이상 인구를 Y라 하고, 65세 인구를 Z라 한다면

$$총부양비 = \frac{X+Z}{Y} \times 100$$

$$유년부양비 = \frac{X}{Y} \times 100$$

$$노년부양비 = \frac{Z}{Y} \times 100$$

$$노령화지수 = \frac{Z}{X} \times 100$$

총부양비 = 유년부양비 + 노년부양비,

$$노령화지수 = \frac{노년부양비}{유년부양비}$$

ㄱ. (×) 노년부양비 = 총부양비 - 유년부양비

A, B ,C 순으로 값을 구하면 30, 5, 20 이고 큰 순서대로 나열하면 A, C, B이다. 따라서, 보기는 틀림.

ㄴ. (×) 총인구수 작은 지역 순은 C, A, B 총부양비 큰 순은 A, C, B이다.

ㄷ. (○) 노령화 지수 $= \dfrac{노년부양비}{유년부양비}$

$$= \frac{총부양비-유년부양비}{유년부양비}$$

A지역의 노령화지수 $= \dfrac{60-30}{30} = 1$

C지역의 노령화지수 $= \dfrac{40-20}{20} = 1$

ㄹ. (○) 노년부양비 = 총부양비 - 유년부양비

A = 30, B = 5, 6배

16 ①

ㄱ. (○) <표 1>에 보면 정치권은 각 연령층에서 60% 이상으로 압도적으로 수위를 차지하고 있다.

ㄴ. (○) 정경유착은 44%로 뽑으면서, 다른 요인들에 비해 가장 많은 비중으로 차지한다.

ㄷ. (×) 60대 이상에서는 압도적인 비율이지만, 20.30대에서는 그렇지도 않다. 실제 인원수들은 알 수 없기 때문에 단정짓기는 곤란하다.

ㄹ: (×) 20~30 대보다 40~50대에서 비율 더 낮고 각 연령대 별 인구가 제시되어 있지 않다.

17 ②

ㄱ. (○) 비만의 대장암 발생률은 27.6%이고 위암 발생률은 23.9%이니까, 맞는 진술이다.

ㄴ. (×) 이 자료들을 암발생률에 대한 자료이지, 그것으로 인해 꼭 사망에 이른다는 것은 아니다. 사망률은 알 수 없다.

ㄷ. (○) '비만'으로 판정된 사람이 속한 집단의 대장암 발생률은 27.6%이고, '저체중'으로 판정된 사람이 속한 집단의 대장암 발생률은 13.5%로 2배 이상이다.

18 ④

① 신체질량지수에 의한 비만도를 구하면 86.7/(1.7×1.7)은 86.7/2.89로 약 30 정도. 비만으로 측정된다.

② 16.7을 감량하면 70kg이고 70/2.89가 되어서 24.22로 과체중으로 판정된다. 과체중 그룹의 식도암발생률은 12.7%이다.

③ <표 2>와 <표 3>에서 제시된 공식을 합해서 구할 수 있다.

④ ③의 값을 구하면 약 137.62가 되면서 병적비만으로 측정된다.

19 ②

$$귀족의 평균 자녀수 = \frac{귀족자녀수}{귀족전체수}$$

$$= \frac{(남80명 \times 5) + (여120명 \times 6)}{귀족 200명} = 5.6명$$

20 ②

ㄱ. (○) 귀족남자의 평균 혼인기간 45 - 15 = 30, 왕족남자의 평균 혼인기간 42 - 19 = 23 으로 길다.

ㄴ. (×) 귀족의 평균 혼인 연령 남자 15세 여자 20세로 왕족의 평균 혼인 연령 남자 19세 여자 15세 보다 낮다.

ㄷ. (○) 사망연령의 남녀차는 승려 71 - 69 = 2, 귀족 56 - 45 = 11로 작다.

3교시 문제해결능력

01	02	03	04	05	06	07	08	09	10
④	④	①	①	②	③	①	②	②	④

11	12	13	14	15	16	17	18	19	20
②	④	④	②	②	③	②	④	②	④

01 ④

① 100−20＋12이므로 92만원이 되는데, 3인 가족은 94만원이므로 기초생활수급대상자가 된다.

② 조카는 촌수로 3촌 관계로 부양의무자의 범위에 들지 않는다. 따라서 조카의 수입과는 관계없이 기초수급자가 된다. 만약 조카가 부양의무자라 하더라도 66만원으로 2인 가족의 70만원에 미치지 않기 때문에 어차피 기초수급자가 되는 것을 피하지는 못한다.

③ 80−22＋24는 82만원으로 3인 가족인 94만원에 미치지 못한다. 기초수급자가 된다.

④ 며느리는 촌수가 아예 없으므로 부양의무자가 아니다. 80−15＋48하면 113만원이 되는데, 며느리를 제외하면 3인 가족에 해당하므로 94만원보다 초과한다. 기초생활수급자가 되기에는 소득인정액이 많다.

02 ④

ㅇ ㄱ과 ㄹ의 자영업자는 '산업재해보상보험'은 내지 않는다. 그리고 '고용보험'의 적용을 받지 않는다. '건강보험료'와 '국민연금 보험료'는 모두 자기가 부담한다. 그러니까 자영업자는 '건강보험료'와 '국민연금 보험료'만 계산한다.

ㅇ 그리고 ㄴ은 4대 보험료가 아니라 국민연금 보험료만 계산한다는 것을 주의하자. ㄹ은 국민연금을 제외한 사회보험료이다.

ㅇ 또한 '산업재해보상보험'은 근로자가 아니라 고용주가 전액 부담한다.

	산업재해보상보험	국민연금보험료	고용보험	건강보험보험료	총합
ㄱ	×	200	×	60	260
ㄴ	×	150	×	×	150
ㄷ	×	100	10	30	140
ㄹ	×	×	×	120	120

03 ①

시한의 회사에서는 토~다음주 일까지 9일이 가능한데, 화, 목에 연가를 써야 한다는 조건이다. 그런데 연가를 하루밖에 못쓴다면 시한은 화요일에 연가를 써서 토~수요일해서 5일을 쉬든가, 목요일에 연차를 써서 수~일요일까지 5일을 쉬어야 한다. 어쨌든 4박 5일을 넘어갈 수는 없다. 모스크바가 제외된다.

직항 조건을 적용하면, 방콕은 빠진다.

8시간 이내 조건에서는 뉴욕이 빠진다.

그리고 주어진 일정 중에 최대한 길게니까, 두바이와 홍콩 중에서는 두바이를 선택하게 된다.

04 ①

작업의 흐름은 크게 3가지다.

1) A (4명/9일) → B (2명/18일)

2) C (4명/50일)

3) D (2명/18일) → E (2명/18일)

ㄱ. (○) 최소인력은 시간에 쫓기지 않으면 4명을 가지고 순차적으로 진행을 하면 되니까 C하고 A하고 B와 D를 동시에 진행하는 것으로 하면 4명이면 된다.

ㄴ. (○) 최단기간은 동시작업이 가능하므로 C의 50일이 걸리는 동안 다른 것은 이루어지므로 50일이라고 할 수 있다. 대신 C와 A가 동시 작업이 될 수밖에 없으므로 어느 순간 작업인원이 8명은 필요하다.

ㄷ. (×) 최단 기간은 50일이면 되는데, 어느 순간 겹칠 때 8명이 될 때가 있다. 8명으로 완성할 수 있다.

05 ②

작업장을 최소기간인 50일 동안 사용하기로 하고, 그에 따라 인력 배치를 해보면 딱 맞아 떨어진다.

C (4명/50일)

A (4명/9일) → B (2명/18일)

　　　　　　D (2명/18일) → E (2명/18일)

이 때 작업장 사용료는 50일×50만원으로 2,500만원이다. 인건비는 9일 동안 8명, 18일 동안 다시 8명, 그리고 18일 동안 6명, 5일 동안 2명으로,

$80 \times 9 + 80 \times 18 + 60 \times 18 + 20 \times 5 = 3,240$만 원이다.

06 ③

최소인력은 시간에 쫓기지 않으면 4명을 가지고 순차적으로 진행을 하면 되니까 C하고 A하고 B와 D를 동시에 진행하는 것으로 하면 4명이면 된다. 그리고 걸리는 시간은 95일이다.

07 ①

- 성적평가 점수가 만점의 6할 미만인 리더십양성과정은 평정대상에서 제외
- 공통전문교육은 5점만점으로 환산하면 성과관리과정은 4.5점, 조직관리과정은 4점
- 교육이수일로부터 5년이 경과한 영어훈련과정, excel활용과정은 평점대상에서 제외

따라서 성과관리과정, 조직관리과정, 홍보실무과정, 창의적 사고혁신과정이 평정의 대상이 되고 이들을 합산하면 17.5

08 ②

"K(B↔C)는 K(B↔D)의 2배이고, K(C↔D)는 K(B↔D)의 6배이다." K(B↔C)는 1이니까, K(B↔D)는 0.5가 되고, K(C↔D)는 3이 된다.

K(A↔C)는 K(C↔D)와 같으니까 3이고, K(A↔B)는 1.5다. K(A↔D)는 여기에 0.5를 더한 2가 된다.

$A↔B = 1.5 \times \dfrac{20 \times 40}{20} = 60$

$A↔C = 3 \times \dfrac{20 \times 60}{40} = 90$

$B↔C = 1 \times \dfrac{40 \times 60}{60} = 40$

$B↔D = 0.5 \times \dfrac{40 \times 15}{20} = 15$

$C↔D = 3 \times \dfrac{60 \times 15}{50} = 54$

09 ②

1마리 이상이면 무조건 1단계는 발동되는데, 2단계의 조건은 두 가지다. 20마리 이상의 감염체가 발생하면서 확산이 우려될 때인데, 이 경우에는 확산은 우려되지 않기 때문에 두 조건 중에 한 조건만 충족하게 된다. 따라서 1단계만 발동한다.

① 20~299마리는 2단계 경보다.

③ 무조건이 아니라, 이 경우 인체감염자가 하나는 있어야 3단계가 발동된다.

④ 1마리 이상이면 무조건 발동하는 것이 1단계다.

10 ④

3단계에서는 요건만 맞으며 굳이 국무회의를 거치지 않아도, '무조건' 발동하게 되어 있다.

① 1마리여서 1단계이다가, 19마리가 늘어 20마리가 되어 2단계로 되면 약 800억 원의 손실이 발생하게 된다.

② 2단계의 경우에는 사람에게 감염되지 않아도 발동될 수 있으므로 1,000억원의 손실을 입을 수 있다.

③ 3단계가 발동되었다는 뜻이다.

11 ②

B가 가장 좋은 점수를 받는다.

평가 기준	평가 기준 중요도	각 후보지에 대한 기준별 평가점수			
		A 후보지	B 후보지	C 후보지	D 후보지
접근성	0.5	4.5	4	4	4.5
주민 수	0.3	2.4	3	2.1	2.7
자치단체 재정지원 금액	0.2	1.4	1.6	1.2	1.2
합계		8.3	8.6	7.3	8.4

12 ④

사전편찬방식으로 가면 D가 선정된다. 처음 가장 중요한 '접근성' 항목에서 9점을 받은 것은 A, D이지만, 두 번째 항목에서는 A가 8, D가 9로 A가 D에 뒤졌기 때문이다. A와 D 중에서 D가 선정된다. 결선투표 방식과 비슷하다.

13 ④

가장 가능성 있는 '분리방식'인데 이마저도 탈락한다.

① 한 가지 평가기준에서라도 최저기준을 넘으면 뽑게 되는데, 이렇게 되면 어떤 부분에서는 큰 약점을 가지지만 다른 것이 최저기준을 넘었기 때문에 뽑히는 정책대안이 나오게 된다.

② 결합, 분리, 사전편찬 방식에서 선택된다는 것인데, 결합

방식에서는 통과된다. 그리고 따라서 분리방식에서도 통과된다. 하지만 사전편찬방식으로 가면 D가 선정된다.
③ A, B, D가 선택된다. C만 탈락된다.

14 ②

ㄱ. C 사회는 D 사회에 비해 행동준칙이 강하므로 명확하고 내적으로 잘 규율되어 있을 가능성이 높다. 적절하지 않은 진술이다.

ㄴ. 집단성이 강하면 튀는 사람들, 그러니까 혁신자들에 대해 용납하지 못하게 된다. 따라서 D 사회와 비교한 A 사회에서는 혁신자들에 대한 대접이 조금 나을 것이다. 적절한 진술이다.

ㄷ. 행동준칙이 강하고 집단성도 강한 C 사회는 사회적인 법규도 엄격하고 튀는 것도 용납하지 못하기 때문에 신분질서가 A 사회보다 강할 것으로 추측된다. 적절하지 않은 진술이다.

ㄹ. B 사회와 비교할 때 C 사회는 집단성이 강한 형태이므로 공동체적인 단위로 생활이 이루어질 가능성이 높다.

15 ②

120분만 사용하면 6,000원이면 된다. 가장 효율적이다.

16 ③

A를 선택했을 때의 요금은
$Y_a = 5,000$원 $(0 < X_a \leq 60)$
    $= 5,000 + 100(X_a - 60)$ $(X_a > 60)$
B를 선택했을 때의 요금은
$Y_b = 6,000$원 $(0 < X_b \leq 120)$
    $= 6,000 + 200(X_b - 120)$ $(X_b > 120)$
70분 이내로 주차하면 A 요금제가 저렴하고, 70분에서 170분까지는 B 요금제가 더 낮고, 170분 이상을 이용하면 A 요금제를 선택한다.

① (×) 90분 주차를 하면 B 요금제가 더 저렴하다.

② (×) A 요금제를 이용하면 110분으로 2시간 이내에 나와야 하지만, B 요금제를 이용하면 130분으로 2시간 10분까지 이용할 수 있다.

③ (○) 180분이기 때문에 이런 경우에는 B 요금제가 더 유리하다.

④ (×) 70분과 170분 두 지점이 존재한다.

17 ②

$(20\% \times 200(ml) \times 0.8) / (0.6 \times 53\ kg \times 1,000) = 0.1\%$ (ml/kg)

18 ④

ㄱ. (×) 운전을 하기 위해서는 혈중 알코올 농도가 0.05% 이하가 되어야 하므로 이 성인의 혈중 알코올 농도가 처음의 1/2이 되는 시간을 구하면 된다. 먹은 알코올의 양이 32g이고, 운전하기 위해서는 16g만 분해되어도 우선은 가능하다.

ㄴ. (×) 체중이 53kg인 사람이 시간당 분해할 수 있는 알코올의 양은 5.3~7.95g이고 16g을 분해해야 하므로, 시간은 2.01시간에서 3.02시간이 걸린다. 2시간 정도에도 운정이 가능할 수 있다.

19 ②

구분	1/4 분기	가중치	2/4 분기	가중치	3/4 분기	가중치	4/4 분기	가중치
유용성	8	3.2	8	3.2	10	4	8	3.2
안전성	8	3.2	6	2.4	8	3.2	8	3.2
서비스 만족도	6	1.2	8	1.6	10	2	8	1.6
총합		7.6		7.2		9.2		8.0
평가등급		C		C		A		B

C + C + A + B이므로 80 + 80 + 100 + 90. 여기에다가 비고를 보면 A를 받으면 직전분기 차감액의 50%를 가산 지급하므로 A를 받은 3/4분기 직전의 2/4분기의 차감액 20만원의 50%인 10만원을 가산한다. 따라서 최종적으로는 360만원이다.

20 ④

5에서 시작한다. ⓒ의 조건을 적용하면 우선 3에 도착. 그리고 3의 배수이므로 오른쪽으로 두 칸 이동하면 1에 도착. ⓒ에서 2의 배수가 아니므로 왼쪽으로 다섯 칸 이동하면 맨 왼쪽의 1이 나온다. ②에 의해 오른쪽으로 6칸 이동. 다시 처음에 시작한 위치. 여기서 오른쪽으로 두 칸.

제 2 회 정답 및 해설

1교시 | 의사소통능력

01	02	03	04	05	06	07	08	09	10
③	②	②	③	①	③	④	③	①	②

11	12	13	14	15	16	17	18	19	20
③	③	①	②	②	④	②	②	④	③

01 ③

ㄱ. 변호사 일이 힘들어 배겨 내지 못하겠다.

배기다 [동사]

1 참기 어려운 일을 잘 참고 견디다.

2 {주로 '-지 않고는' 뒤에서 부정어와 함께 쓰여} 어떤
동작을 꼭 하고야 맒을 이르는 말.

ㄴ. 만날

ㄷ. 막대, 막대기 모두 다 인정. 복수 표준어

ㄹ. 떼어 놓은 당상의 줄임말로, 맡아 놓은 일이라는 뜻이
다. 따논당상은 틀린 표현이다.

ㅁ. 할게

02 ②

① 미래의 인류 문화는 물질문명과 정신문화가 조화를 이
루는 방향으로 발전할 것이다.

③ 우리 민족은 과거의 역사를 통하여 저항적인 민족주의
경향을 지니게 되었으나 이제는 외국 사람들과 이웃으
로써 교류를 해나갈 수 있도록 이런 사고방식에서 탈피
해야 한다.

④ 암에는 발암성 바이러스에 의해 발생하는 것 말고도, 세
포가 유전적으로 비정상이어서 특수한 염색체의 일부분
이 위치를 옮겨감으로써 일어나거나 돌연변이를 일으키
는 발암 유전자로 인해 발생하는 것도 있다.

03 ②

㉠ 역병의 기원은 설만 분분한 채 아직도 정확히 밝혀지지
않은 상태, ㉡ 검은 왕쥐가 나타나기 전에는 간혹 사냥꾼들
이 흑사병에 걸린 설치류를 만났다. ㉢ 기원이나 경과에 대
한 것은 자세히 모르지만 적어도 흑사병의 감염보고는 역
사적 사실이기 때문에 전 세계적으로 나타난 것은 사실이
다. ㉣ 흑사병도 설치류 사이에서만 일어난 역병이었는데,
검은 왕 쥐가 나타나면 인간에게도 전염되기 시작했다. 조
류에게만 전염된다고 해서 조류독감에 대해 안심할 수는
없다. ㉤ 유스티니아누스의 역병이 왜 사그라들었는지는
아직도 밝혀지지 않고 있다.

04 ③

"우리나라 고등학생의 40%가 흡연을 경험하며 성인 흡연
자의 대부분이 흡연을 시작한 시기가 청소년기"라고 하니
까, 이때의 흡연율을 낮추면 성인흡연자로 이어지는 비율
자체가 줄 가능성이 있다.

① 고등학생의 40%가 흡연을 경험한 것이지, 성인 흡연자

의 40%가 고등학교 때 흡연을 시작했다는 것이 아니다.
② 담배와 폐암의 상관관계가 제시문에 나오지 않았다.
④ "도파민이 많이 분비되는 유전자형을 가진 사람이 그렇지 않은 사람에 비해 흡연을 적게"하니까 도파민 분비를 억제해서는 안 될 것이다.

05 ①

ㄱ. (○) "또한 조기진단과 치료로 인한 생존율 역시 말기진단의 경우에 비해 4배 이상 증가한 것으로 밝혀졌다." → 치료에서도 효과가 좋다고 이야기하고 있다.
ㄴ. (×) "MRI는 다른 기기에 비해 연골과 근육, 척수, 혈관 속 물질, 뇌조직 등 체내 부드러운 조직의 미세한 차이를 구분하고 신체의 이상 유무를 밝히는 데 탁월" → CT가 아니라 MRI가 탁월하다.
ㄷ. (○) "현재 한국에는 약 800대의 MRI기기가 도입돼 있다. 이는 인구 백만 명 당 16대꼴로 일본이나 미국에는 미치지 못하지만 유럽이나 기타 OECD 국가들에 뒤지지 않는 보급률이다." → OECD 국가들에 뒤지지 않는 보급률이라고 명시하고 있다.
ㄹ. (×) "전 세계적으로 MRI 관련 산업의 시장규모는 매년 약 42억~45억 달러씩 늘어나고 있다. 한국의 시장규모는 연간 8,000만~1억 달러씩 증가하고 있다." → 여기서 알 수 있는 것은 늘어나고 있는 규모이지, 전체적인 규모를 알 수는 없다.

06 ③

글쓴이의 관점에서 가장 중요한 기준은 바로 부가가치이다. 부가가치가 발생하지 않는 예를 찾으면 된다.

07 ④

D는 "경제성장에 사회복지가 기여할 수 있어야 하는 거지." 그리고 인적자본에 대한 중요함을 역설한다. 따라서 그냥 무조건 나누어 주는 복지가 아니라 일자리를 창출해 일자리를 나누어 주는 복지를 제안하는 정책에 잘 맞는다.
① A의 관점은 신자유주의에 근거한 제한 없는 경쟁인데, A 사무관이 제안하는 정책은 복지가 강화된 형태로 상충된다.
② B는 "사회악을 제거하거나 사회적 균형을 유지"하기 위해 국가의 필요성을 역설하는 야경국가론에 가깝다. 하지만 제안한 정책은 복지가 아주 강화된 형태의 정책이다.
③ "시장체계의 정의롭지 못한 분배를 시정하는 것이 국가

역할"이라고 말한 사람이 주장한 정책을 보면, 신자유주의에 근거한 민영화 론이다.

08 ③

A와 B는 아버지 쪽이므로 둘 다 '부변'이다. ④번이 지워진다. B는 아버지 형제의 자손이기 때문에 나오는 평행사촌 관계이고, A는 아버지와 다른 성별의 자녀이므로 교차사촌이 된다.

09 ①

가. (○) "A연구원은 22세기에 접어들면 B국가에서는 과학기술과 의학의 발달로 사망에 이르게 하는 치명적인 질병을 찾는 것 자체가 불가능"해진다고 했으므로 이런 추론이 가능하다.
나. (×) 결핵은 환자의 70%가 사망하는 가장 '치명적인' 질병이지, 가장 흔한 질병이라는 진술이 아니다.
다. (×) 암환자의 70%, 에이즈 환자의 65%가 사망한 것은 알겠지만, 각 환자들의 전체 규모가 제시되어 있지 않기 때문에 사망자 수는 알수가 없다.
라. (×) "한편 20세기에는 질병으로 인한 사망과 함께 교통사고로 인한 사망이 크게 늘어나 인간의 사망요인 가운데 큰 비중을 차지했다."는 진술만 있을 뿐이어서 양적인 비교는 불가능하다.
마. (○) "심장질환, 신장염이 순서대로 암과 에이즈의 뒤를 잇게 되었다."을 보면, 심장질환은 3위다.

10 ②

ㄱ. (○) 전기충격 쥐들의 경우 초반기에 스트레스 호르몬이 많이 분비되고 있고, 관찰조건의 쥐들은 후반부로 가면 많이 분비되고 있다.
ㄴ. (×) "실험결과, 전기충격 조건의 쥐보다 관찰조건의 쥐가 암과 같은 스트레스성 질환에 더 많이 걸리는 것으로 나타났다."
ㄷ. (×) 오히려 시간이 지남에 따라 늘어나고 있다.
ㄹ. (×) 먼저 탈진을 하면서 분명한 차이가 나고 있기 때문에, 초기에 스트레스가 많은 것과 후기에 많은 것이 스트레스의 영향을 받는 것에도 차이를 드러낸다.
ㅁ. (○) 전기충격을 덜 받기 위해 펄쩍 뛰어오르는 회피와, 그러한 모습을 애써 회피하며 자극받지 않으려던 관찰조건의 쥐는 초기에는 회피라는 공통점으로 묶일 수 있다. 문제는 관찰조건의 쥐는 나중에는 더 이상 회피의

노력을 하지 않는다는 것이다.

11 ③

주어진 제시문은 일종의 미괄식으로 글쓴이의 주장은 '의사라면 누구나 의사소통에 대한 훈련과 연수가 필요하며, 이것을 위해 노력해야 한다.'이며, 이 주장은 글의 뒷부분에 나오기 때문에 주장을 앞에 두어 논점을 분명히 하고 있다는 선택지 ③은 잘못된 평가이다.

12 ③

① 이 글은 질 높은 의료서비스에 대한 논의가 아니라, 의사들의 올바른 의사소통 교육에 대한 글이므로 논점에서 벗어난 질문이라 할 수 있다.

② 강연의 요점을 정리하지 않고 있다.

④ 강연의 요점을 정리하지 않았고, 질문의 초점이 명확하지 않다.

⑤ 글쓴이의 주장은 기본적으로 의사소통 행위의 중요성을 보편적으로 강조하면서 의사들을 대상으로 의사소통 능력을 향상하도록 노력해야 한다는 주장이기 때문에 왜 의사만 일방적으로 의사소통의 책임을 져야 하냐는 질문은 공격적이고 논점에서 벗어나는 질문이다.

13 ①

환자의 통증 부위와 상태에 따라 수술치료를 받아야 할지, 보존치료를 해야 할지를 결정하는 것이지, 수술 치료가 보존 치료보다 무조건 효과가 크다고는 볼 수 없다. 환자에 따라 다르다고 주장하는 게 옳다. 사실 효과가 좋다면 처음부터 그 치료를 시작해야 하는데, 그렇지 않았다는 것은 효과의 다소 문제가 아니라, 순서의 문제라는 것을 알 수 있다.

14 ②

위 글 (가) 부분에서 '만성 요통은 추간판의 탈출이나 추간판 조직의 생화학적 변화로부터 시작된다.'라고 밝히고 있다. 그러므로 A와 B는 추간판 탈출이나 추간판 변성이 와야 하며, 신경근증이란 '척추로부터 빠져나오는 신경근이 지나가게 되는 추간공이 좁아져서 신경근이 눌리게 되는 것'이라는 설명을 통해 알 수 있듯이 추간공이 좁아지는 현상이 직접적인 원인이므로 D는 추간공 협착이 들어가야 한다.

15 ②

일반적인 관찰 연구에서는 '건강한 소비자 효과'가 나타났지만, 여성건강 연구에서는 바로 이러한 점을 차이점으로 들고 있는 것으로 보아, 이러한 효과가 없었다는 것을 알 수 있다.

① 세 번째 단락 : "예컨대 유방암 위험 요소가 있는 여성에게는 호르몬 대체 요법을 시행하지 않는데" → 오히려 암에 걸린 환자들에게는 기피 되었을 것이다.

③ 위약을 투여하는 것은 약의 효과를 정확히 알아보려는 것이고, 피험자의 순응도는 '의사의 지시에 따라 약을 잘 먹는 것'을 가르키니까 사실 상관 없는 진술들이다.

④ 네 번째 단락 : "피험자의 월경이 재개되지 않아서 눈가림법이 가능하기 때문이었다." → 월경이 재개되지 않아 눈가림법이 가능한 것이지, 월경재개를 막기 위해 눈가림법을 쓴 것이 아니다.

16 ④

네 번째 단락 : "프로게스틴은 지질 대사와 인슐린 감수성에 대한 에스트로겐의 긍정적인 작용을 저해하고, 또한 유방암의 발생 비율을 증가시킬 수 있다. 게다가 여성 호르몬 제제를 경구 투여하면 폐혈전색전증의 발생 비율을 증가시킬 수 있다."

→ 복합투여를 했을 때, 유방암의 발생비율이 높아진다는 것을 짐작할 수 있다. 반대로 진술하면 단독 투여군에서는 유방암의 발생비율이 낮다는 말이다. 따라서 ①, ④번이 정답 후보로 남는다.

폐혈전색전증 역시 경구 투여시 높아지니까, 피부 패치 투여군에서는 낮다고 진술해야 한다.

17 ②

ⓐ (○) 두 번째 단락 : "위약 투여군과 비교할 때 호르몬 대체 요법군에서는 유방암의 위험성이 26%로 증가하였다." → 100% 유방암에 걸리는 것은 아니다.

ⓑ (×) 두 번째 단락 : "자궁내막암의 발생 빈도는 호르몬 대체 요법군과 위약 투여군 사이에 차이가 없었다." → 따라서 굳이 이렇게 말할 이유는 없다.

ⓒ (○) 두 번째 단락 : "그러나 위약 투여군과 비교할 때 호르몬 대체 요법군에서 엉덩이뼈 골절의 위험성이 33% 감소하였다." → 뼈 골절의 위험이 감소하였으므로 뼈가 약한 사람에게는 조금 더 유리할 수 있다.

ⓓ (×) 네 번째 단락 : "일반적인 관찰 연구에서 호르몬 대체 요법을 받는 여성은 받지 않는 여성보다 체중이 덜 나가며, 혈압이 낮고 지질 대사도 더 양호한 경우가 많

았는데" → 이러한 이유는 의사들이 호르몬 대체 요법을 시행할 때 상대적으로 건강해 보이는 여성을 선택하는 경향 때문이지, 신체적 특징에 따라 치료가 갈리는 것은 아니다.

18 ②
공간의 개념은 크게 실체가 없는 공간과 구체적인 장소로서의 공간이 있는데, ②번은 구체적인 장소로서의 공간이지만 다른 것들은 모두 실체가 없는 개념으로서의 공간이다.

19 ④
"인간이 첨단 과학-기술을 이용해 우주로 나가도 삶의 장소를 경작해야 한다는 과제는 의무처럼 남는다.", "그러나 오늘날 우리에게 필요한 것은 현실에 있는 장소다."

20 ③
삶의 장소로서 토피아의 의미 회복과 토피아의 실질적 확보는 오늘날 우리 모두의 과제다.
① 예전에도 중요했다. 더더욱 중요해질 이유는 없다.
② 정주를 하는 것이 중요하다는 것이지 정주의 방식이 중요하다는 말은 아니다.
④ 전자유목문화가 발달할수록 토피아를 찾아야 하는데 토피아가 가진 성질이 환대성이라는 것이다. 전자유목문화가 발달한다고 환대성이 늘어난다는 것은 아니다.

2교시 수리능력

01	02	03	04	05	06	07	08	09	10
③	③	④	②	④	②	①	②	②	③
11	12	13	14	15	16	17	18	19	20
③	③	③	①	③	②	①	②	①	④

01 ③

남자와 여자를 나누고, 평균 수치와 개인의 수치를 비교해서 정신질환 여부를 판단하면 다음과 같다.

유혜수 – 히스테리, 반사회장애, 건강염려증

김진희 – 반사회장애

김민석 – 우울증, 히스테리

ㄱ. 히스테리는 겹친다. (×)

ㄴ. 반사회장애가 있다. (×)

ㄷ. 총합 6개. (○)

ㄹ. 유혜수 3개, 김민석 2개. (○)

02 ③

면접점수가 같은 지원자는 A, E, F니까, A 역시 9점이다.

지원자	A	B	C	D	E	F
점수	9	( )	( )	( )	9	9

최댓값이 10점이니까, B, C, D가운데 한 명은 10점이다. 그러면 네 명이 37점이 된다. 그런데 평균이 8.5점이기 때문에 여섯 명의 합은 51점이 나와야 한다. 차이가 14점이 되면서 두 명의 평균이 14점이 되어야 한다.

그러면 밝혀지지 않은 세 명은 한 명은 10점, 그리고 한 명은 이와 4점 차이가 나는 6점, 그리고 나머지 하나가 8점이 되어야 14점이 될 것이다.

03 ④

0℃로 가장 높다.

① 1,000m 쯤에서 기온역전 현상이 일어난다.

② 높이 1,000m까지는 높아질수록 기온이 올라가고 있다.

③ 높이 2,000m에서 기온이 -10℃는 안 되고, -6℃ 정도다.

04 ②

E는 사망자가 192명으로 사고비용은 570 + 192 × 5 = 1,530

억이다.

05 ④

사망자가 30명 이상인 사고를 제외하면 아래와 같다. 이때 화재규모와 복구비용의 순위가 일치한다.

구분 사고	터널길이 (km)	화재규모 (MW)	복구비용 (억원)	복구기간 (개월)	사망자 (명)
A	50.5	350	4,200	6	1
C	6.4	120	72	3	12
D	16.9	150	312	2	11
F	1.0	20	18	8	0

① 터널길이가 제일 긴 A같은 경우 사망자는 1명에 불과하다.

② 화재규모가 제일 큰 A는 복구기간이 6개월인데, B는 오히려 36개월이나 걸린다.

③ D같은 경우 복구기간은 2개월밖에 안되는 데도 복구비용은 312억이고, 3개월 걸리는 C는 오히려 72억이다.

06 ②

수도권인 서울, 인천, 경기의 단속건수 합은 42건이다. 전체 65건 중 반 이상이다.

① 대마 단속 전체 건수는 165건, 마약 단속 전체 건수는 65건으로 3배까지는 안 된다.

③ 강원, 충북, 제주 세 곳이다.

④ 대구·경북 지역은 138건, 광주·전남 지역은 38건으로 4배는 안 된다.

07 ①

ㄱ. (○) 대부분의 면단위들의 분포가 세로 점선 우측에 위치

ㄴ. (○) 대부분의 읍단위들이 세로점선 좌측과 가로점선 아래쪽에 위치

ㄷ. (×) 동단위들의 가로축과 세로축을 보면 정확히는 알

수 없지만 대충 2.5~3.5 사이라는 것을 알 수 있다.

ㄹ. (○) 대부분 평균보다 아래 선에 위치하고 있다.

ㅁ. (×) 여자 26.5~27에 가장 많음.

08 ②

ㄱ. (○) 교육수준과 주관적 계층의식이 같은 방향으로 나타나고 있다.

ㄴ. (×) 백인의 경우가 교육수준 증가함에 따라 계층의식 상승하는 정도가 더 크다.

ㄷ. (×) 기울기가 흑인보다 아시아계가 더 크게 나타난다.

ㄹ. (○) 그래프의 기울기가 같기 때문에 이것만 보고는 왜 계층의식의 차이가 나는지 설명하지 못한다. 환경적인 요인, 문화적인 요인 등 그래프에 언급되지 않은 요인들이 많다.

09 ②

제시문으로부터 구할 수 있는 정보를 도표로 만들면 다음과 같다.

	남자	여자	민원인 합계
60세 이상	30		
40 - 59세			60
20 - 39세	30		50
소 계	100		150

	남자	여자	합계
만족	30		60
불만족			
합계			150

이 정보로부터 빈칸을 채울 수 있다.

	남자	여자	민원인 합계
60세 이상	30	10	40
40 - 59세	40	20	60
20 - 39세	30	20	50
소 계	100	50	150

	남자	여자	합 계
만족	30	30	60
불만족	70	20	90
합 계	100	50	150

60세 이상 민원인 수는 40명

10 ③

나의 여성민원인 50명 중 20명이 만족하지 못했으므로 40%이다.

11 ③

○ A or C 는 ㈎ or ㈏ 이다.

○ 10배수가 되는 지역인 D가 ㈐이다.

○ ㈐는 B or D 이므로 ㈐는 B이다.

○ A or C 지역 중 테니스 장 수가 많은 A지역이 ㈏이며 C 지역이 ㈎이다.

○ 전국사격장 수의 4.3%는 379로 D와 E 지역의 사격장수 이므로 ㈑ or ㈒ 는 D or E 이다.

A는 ㈏, B는 ㈐, C는 ㈎, D는 ㈑ E는 ㈒ 가 된다.

12 ③

인상률이 10%가 나온 사람은 C밖에 없기 때문에 맞는 진술이 된다.

① 강사 E는 수강생 만족도가 3.2로 동결대상이다. 그대로 48,000원이다.

② 2017년 시급은 강사 D는 5%인상인데, 6만원이 넘으므로 그냥 6만원이 된다. C는 10% 인상으로 이 역시 60,000원이 된다.

④ 52,000원에서 54,600원으로 5% 올랐으니 10%를 올려줘야 하는 4.5이상은 아니라는 것을 알 수 있다.

13 ③

음식점 아르바이트를 한 학생의 비율은 아르바이트를 해보았다는 47%와 그 중에서도 그 장소가 음식점이라는 56%의 곱인 26%로 측정할 수 있다. 100명으로 치면 26명이다.

14 ①

ㄱ. (○) 5만원 미만 받는 학생이 38.5 + 36.7=75.2% 로 대다수, 이들은 고등학생보다 중학생에, 남학생보다 여학생에 많이 분포되어 있다.

ㄴ. (×) 20만원 이상 받는 사람 2.6%, 금전출납부 쓰는 사람 3.6%, 따라서 둘 다 하는 사람의 비율은 양자의 곱인 0.0936%이다. 10,000명당 9명 정도의 비율이다.

ㄷ. (×) 남학생이 아르바이트 하는 비율은 35.9%, 여학생은 42.5%로 남학생이 더 낮다.

15 ③

$$전체 학교 충원율 = \frac{영양사 인력수\ 7,196}{전체학교수\ 9,989} \times 100 = 72\%$$

16 ②

$\dfrac{\text{조리보조원 } 48,116}{\text{전체 급식학교 } 9,989} = 4.8$명

17 ①

ㄱ. (○) 고등학교 영양사 충원율

$= \dfrac{\text{영양사인력수 } 1,700}{\text{급식 고등학교수 } 1,951} \times 100 = 84\%$

초등학교 영양사 충원율

$= \dfrac{\text{영양사인력수 } 3,956}{\text{급식 초등학교수 } 5,417} \times 100 = 73\%$

고등학교 조리사 충원율

$= \dfrac{\text{조리사인력수 } 1,544}{\text{급식 고등학교수 } 1,951} \times 100 = 79\%$

초등학교 조리사 충원율

$= \dfrac{\text{조리사인력수 } 4,955}{\text{급식 초등학교수 } 5,417} \times 100 = 91\%$

ㄴ. (○) 중학교 영양사 충원율

$= \dfrac{\text{영양사인력수 } 1,427}{\text{급식 중학교수 } 2,492} \times 100 = 57\%$

중학교 조리사 충원율

$= \dfrac{\text{조리사인력수 } 1,299}{\text{급식 중학교수 } 2,492} \times 100 = 52\%$

ㄷ. (×) 정규직 비율 $= \dfrac{5,207}{7,196} \times 100 = 72\%$다.

18 ②

ㄱ. (○) 종류별로 300씩 증가한 평균축적량

$= \dfrac{(2,000+300)+(1,200+300)+(1,300+300)}{3}$

$= 1,800\text{m}^3$

ㄴ. (×) 침엽수림 $= \dfrac{2,000}{250} = 8$, 혼합림 $= \dfrac{1,300}{200} = 6.5$로

침엽수립이 더 크다.

ㄷ. (×) 총량의 변화와 산림종류별 산림축적량의 비율은 관계없다.

ㄹ. (○) 종류별로 10%씩 증가한 경우 평균축적량

$= \dfrac{(2,000+200)+(1,200+120)+(1,300+130)}{3}$

$= 1,650\text{m}^3$

19 ①

노년부양비인 $\dfrac{\text{65세 이상 인구}}{\text{15~64세 인구}} \times 100$ 이 21.8이다. 그런데 진술에 의하면 이 분수는 거꾸로 $\dfrac{\text{16~64세 인구}}{\text{65세 이상 인구}}$ 가 되어야 한다. 그러므로 이의 역수를 취하면 $\dfrac{\text{15~64세 인구}}{\text{65세 이상 인구}}$

$= \dfrac{100}{21.8}$ 이 된다. 4.59 정도로 대략 4.6이라고 할 수 있다. 이는 $\dfrac{\text{15~64세 인구}}{\text{65세 이상 인구}} = \dfrac{4.6}{1}$ 이라는 구조로 15~64세 이상 인구 4.6명이 65세 이상 인구 1명을 부양하는 구조라고 해석할 수 있다.

20 ④

ㄱ. (×) 1995년 노인인구 성비 $= \dfrac{987}{1,670} \times 100 = 59$

2005년 노인인구 성비 $= \dfrac{1,760}{2,623} \times 100 = 67$로 증가하였다.

ㄴ. (○) 노령화지수를 보면 1990년에서 2020년 구간 0~14세 인구 100명당 노인인구 20명에서 124.2명으로 6배 이상이다.

ㄷ. (○) <표 2>에서 1995년 8.3에 비해 2005년 12.6으로 4.3%증가하였고, 2020년에는 21.8로 9.8%증가할 것이다.

3교시 문제해결능력

01	02	03	04	05	06	07	08	09	10
①	①	④	①	③	③	③	①	④	④

11	12	13	14	15	16	17	18	19	20
③	③	②	④	②	②	④	③	③	③

01 ①

소득극대화를 추구하는 사람의 의사결정이므로 다음의 기 댓값을 참고.

예방접종을 할 경우 $60/20,000 + 70/200 = 0.353 = 0.353$일 정도의 기댓값이 도출

예방접종을 하지 않을 경우 $60/20 + 70/200,000 = 3.00035$ 일 정도의 기댓값이 도출

예방접종을 하면 일할 수 있는 날의 기댓값이 늘어나는 셈 이므로 소득극대화의 측면에서 예방접종을 하는 것이 좋다.

② 독감에 걸릴 확률만이 아니라 마비와 합해서 일할 수 있 는 날의 기댓값에 영향을 미치기 때문에, 소득극대화를 생각해서 결정을 해야 한다.

③, ④ 그러나 독감에 걸릴 확률은 줄어들기 때문에 단순히 마비가 일어날 확률이 높아서 예방접종을 하지 않을 수 는 없다.

02 ①

"기본면접과 심층면접 모두 오후 1시에 오후 면접 일정을 시작하고, 기본면접의 일정과 관련없이 심층면접은 오후 5 시 정각에는 종료되어야 한다."는 조건 때문에 이 문제의 시간은 심층면접을 기준으로 하게 된다.

9:10분에서 12시까지는 170분 중에 15로 나누면, 11번을 할 수 있다. 그리고 13:00부터 17:00까지 240분을, 15로 나 누니까 16번이 가능하다. 합하면 27명이 가능하다.

27명을 기본면접 시간으로 계산하면 우선 09:00~12:00까 지 180분에서 18명에, 13:00 이후에 시작된 면접에서 9명 에 해당하는 90분을 더하면 된다. 14:30분이 된다.

03 ④

차례대로 하면 되니까, 다음의 순서대로 시행한다.

A(6) − B(2) − C(8) − D(3)

총 19일이 걸리므로 10월 19일에 끝나게 된다.

04 ①

B(2) − D(3) − A(6) − C(8) − E(9) 순서이고 10월 5일이다.

05 ③

ㄱ. (×) B의 경우 7월 8일에 마감되어 기한일을 넘기고, D 의 경우 7월 19일에 마감되어 기한일을 넘기고, E의 경 우 7월 18일에 마감되어 기한일을 넘기므로 B, C, E가 된다.

ㄴ. (○) EDD 규칙으로 업무의 순서를 배정한 경우, B − A − D − C − E 순서이다.

06 ③

마리당 발생소득을 동일하다고 전제하면 축산부업소득 중 30마리 분인 30,000,000원 분에 대한 소득이 면제된다. 이 를 초과하는 부분의 소득 10,000,000원이 과세대상이다.

이와 기타부업소득의 경우 고공품제조 소득과, 전통차 제조 소득을 더한 (10,000,000 + 5,000,000 + 6,000,000 = 21,000,000원) 합계 중 1,200,000원까지 비과세 하므로 과 세대상액은 900,000원이다.

전통주 제조소득은 18,000,000원 중 1,200,000원이 비과세 되므로 과세대상은 600,000원이다. 따라서 표상의 농민의 소득세 과세대상은 900,000 + 600,000 = 1,500,000원이다.

07 ③

구분	승인여부	순편익	기대순편익
방안 A	승인(가결)	100	$100 \times 0.7 + 0 \times 0.3 = 70$
	비승인(부결)	0	
방안 B	승인(가결)	100	$100 \times 0.5 - 100 \times 0.5 = 0$
	비승인(부결)	−100	
방안 C	승인(가결)	100	$100 \times 0.3 + 200 \times 0.7 = 170$
	비승인(부결)	200	

수치상 비교해보면 C-A-B 순서다.

08 ①

ㄱ. (○) 가결될 확률이 많으므로 시급한 도입이 기준이라면 A를 밀어야 할 것이다.

ㄴ. (×) 입법화 되었을 경우 발생할 '편익'만 고려하면 C가 가장 크다.

ㄷ. (×) 입법화 되지 못할 경우의 '순편익'은 C가 가장 높다.

09 ④

경우의 수가 복잡해 보이지만 사실은 8) 조건 때문에 크게 택시, 버스, 지하철, 버스 + 지하철 + 버스 + 택시의 5가지 경우만 남는다. 이 경우들의 비용을 계산해 보자.

	요금	소요시간	대기시간 환산	총 비용
택시	2,000 + 400 (2km마다 500원, 기본거리 2km =2,400원	5분	15×200 =3,000원	5,500원
버스	1,000원	10분	10×200 =2,000원	3,000원
지하철	1,000원	15분	5×200=1,000원	2,000원
버스 + 지하철	1,000원 (환승시 1분당 450원, 2분) = 1,900원	12 + 2 + 2분	4×200=800원	2,700원
버스 + 택시	1,000원 + 2,000원(환승시 900원 추가) = 3,900원	12 + 2 + 1분	5×200=1,000원	4,900원

10 ④

지하철이 2,000원으로 제일 적게 들고, 버스 + 지하철 조합이 2,700원으로 그 다음이다.

11 ③

甲의 55세 연봉은 { 5,500 + (55 - 50) × 200 } = 6,500만원이다. 여기에 60%니까, 3,900만원이 된다.

12 ③

	원래연봉	연봉합계
54	6,300	6,300
55	6,500	12,800
56	6,700	17,675
57	6,900	21,575
58	7,100	24,825

13 ②

나이별로 살펴보면 다음과 같다.

	원래 연봉	임금 피크제	퇴직금	명예퇴직금	연봉 합계	총소득
54	6,300	6,300	$23 \times 6,300 \times 0.1$ =14,490	$4 \times 6,300$ =25,200	6,300	45,990
55	6,500	6,500	$24 \times 6,500 \times 0.1$ =15,600	$3 \times 6,500$ =19,500	12,800	47,900
56	6,700	4,875	$25 \times 6,500 \times 0.1$ =16,250	$2 \times 4,875$ =9,750	17,675	43,675
57	6,900	3,900	$26 \times 6,500 \times 0.1$ =16,900	$1 \times 3,900$ =3,900	21,575	42,375
58	7,100	3,250	$27 \times 6,500 \times 0.1$ =17,550	$0 \times 3,250$ =0	24,825	42,375

총소득으로 봤을 때 가장 합계가 높은 나이는 55세다.

14 ④

우선 안정성은 절대 고려 요소이기 때문에 이것을 만족시키지 못한 민간항공 2와 선박은 일차적으로 제외된다. 나머지 중에서 가중치를 고려해 찾으면 답은 전세항공이다.

		가중치	각 수단별 평점			
		국적항공	민간항공	민간항공2	전세항공	선박
절대고려 요소	안전성	-	10	10	9	10	8
고려요소	경제성	80	5.6	6.4	8	5.6	7.2
	편이성	100	9	9	9	10	7
	관광성	70	5.6	4.9	7	5.6	7
	홍보성	90	7.2	8.1	8.1	8.1	8.1
총합			37.4	38.4		39.3	

15 ②

경판이 8만 장인데, 글자수는 5천 만자니까 경판 1장 당 625자가 쓰여진다.

원목 10개 → 경판 1,000장 / 판각을 경판 1만장이 시작되어야 하니까, 원목이 100개는 되어야 하는 것이고, 1인이 1년간 원목 채집을 10개하니까 10명이 하면 1년이면 100개를 할 수 있다.

그리고 갯벌에 묻어서 3년을 보낸다.

1인당 1년에 100개의 원목이 나오면 원목 1개로 경판 100장이 나오니, 1인이 원목 하나에 달려들어 1년 동안 100개를 만들면 되는 양이다. 100명이 할 수 있으니 1년에 10,000개가 제작 가능하다. 경판의 수가 8만장 필요하니까 경판 만드는 데만 8년은 걸린다.

1년 (채집) → 3년 (갯벌) + 경판제작 (8년)

16 ②

앞서의 경판제작 시간을 포함한다.

필사는 1인당 25만자다. 40명이 작업하니까 1년에 10,000,000자가 필사가능하다. 5년이 필요하다.

판각은 1년에 1만자, 500명이 달려들면 1년에 500만자가 가능하다. 5천만자를 하려면 10년이 필요하다.

그런데 중요한 것은 경판과 필사, 판각은 동시에 작업이 가능하다는 것이다. 다음과 같은 흐름이다.

채집(1년) + 갯벌(3년) + 경판(8년)

필사 (5년)

판각 {(경판 1년) + 10년}

원목 작업이 있은 후, 3년을 묵히고, 경판이나 필사 판각 작업들이 들어가는데, 판각의 경우, 경판 후 1년이 있은 다음에 시작을 하고 10년으로 가장 많이 걸리니까 1 + 3 + 1 + 10 해서 총 15년이 걸리는 작업이다.

17 ④

A의 3월 출장내역	출장여비
출장 1	3 (세종시 출장수당 + 교통비) − 1 (관용차량 사용시 차감)
출장 2	5 (세종시 이외) − 1 (13시 이후 출장시작시 차감)
출장 3	5 (세종시 이외) − 1 (업무추진비 사용)
총합	10만원

18 ③

짜장면 = A, 탕수육 = B, 짬뽕 = C, 깐풍기 = D, 볶음밥 = E

$A + B = 17$

$C + D = 20$

$A + E = 14$

$B + C = 18$

$D + E = 21$

이 연립방정식을 풀면 A = 6, B = 11, C = 7, D = 13, E = 8 이 나온다.

19 ③

20%이므로 10,000명으로 치면 20%인 2,000명이 이에 속한다.

	의사소통(30%)	수리(40%)	문제해결(30%)	합계
의사소통	60 (18%)	20 (8%)	30 (9%)	35%
수리	10 (3%)	50 (20%)	20 (6%)	29%
문제해결	30 (9%)	30 (12%)	50 (15%)	36%

20 ③

ㄱ. (×) 지원자들이 다른 영역보다 잘 본 것이 가장 많은 영역은 문제해결이다.

ㄴ. (○) 문제해결을 잘 본다고 말한 사람이 문제해결을 잘 본 경우는 9%, 수리를 잘 본 경우는 12%로 합해서 21%가 된다. (A를 잘하는 사람과 B를 잘하는 사람을 다 같이 합해서 생각을 해야 한다.)